VIEL FREUDE BEI DER ZUBEREITUNG

UND EINEN GUTEN APPETIT

WÜNSCHEN

JNGE UND HANS ENGLERT

AUS DEM REVIER MERKENFRITZ

IM JUNI 2005

# Hessisches Wildkochbuch

Landesjagdverband Hessen / Hessen-Forst

NEUMANN-NEUDAMM

## *Vorwort*

Liebe Leserin, lieber Leser,
Hessen bietet als waldreichstes deutsches Bundesland vielen Wildtieren einen naturnahen Lebensraum.
Die hessischen Jäger und Förster üben die Jagd strikt nach dem Grundsatz der Nachhaltigkeit aus, der bereits vor über 200 Jahren aufgestellt wurde. Der Wildbahn werden nur soviele Tiere entnommen, wie es die Erhaltung der Lebensräume erfordert. Hierüber wachen die Jagdbehörden. Förster und Jäger verbessern zudem immer wieder den Lebensraum des Wildes, damit keine dauerhaften Schäden durch zu hohe Wilddichten entstehen.
Fast 80.000 Rehe, zirka 50.000 Wildschweine und etwa 5.000 Rothirsche werden jährlich zwischen Reinhardswald und Odenwald, Rhön und Rheingau erlegt. Hinzu kommen – vor allem im Rhein-Main-Gebiet – Damhirsche und in den Mittelgebirgen Wildschafe, die Mufflons. Feldhasen, Wildkaninchen, Wildenten und Fasanen vervollständigen die hessische Jagdstrecke, die den Freunden der Wildküche jährlich bis zu 3.500 Tonnen frisches Wildfleisch anbietet.
Unser Wild wählt sich in freier Wildbahn seine Nahrung selbst aus. Dazu zählen vor allem Gräser, Kräuter und Knospen, Waldfrüchte und –samen wie Eicheln und Bucheckern sowie Getreide. Deshalb ist Wildfleisch aus Hessen fettarm und sehr bekömmlich und zugleich besonders reich an Mineralstoffen und Vitaminen. Sie erhalten es frisch und preiswert direkt beim Jäger und Förster.
Wir zeigen Ihnen mit diesem Kochbuch, dass die Wildküche kein Buch mit sieben Siegeln sein muss. Mit Hilfe unserer Rezepte können Sie wohlschmeckende Wildgerichte einfach und sicher zubereiten. Probieren Sie es doch einfach einmal aus. Dann werden Sie feststellen: Wild aus Hessen ist ein natürlicher Genuss.
Wir wünschen Ihnen beim Kochen viel Freude und beim Genießen der Wildgerichte guten Appetit!

Michael Gerst
Leiter des Landesbetriebs Hessen-Forst

Dietrich Möller
Präsident des Landesjagdverband Hessen e.V.

# Inhaltsverzeichnis

## Region 1
## Odenwald, Bergstrasse, Hessisches Ried



## Region 2
## Rhein-Main und Wetterau



## Region 3
## Spessart

**Region 4**
**Rhön**



**Region 5**
**Vogelsberg**

**Region 6**
**Rheingau, Taunus, Westerwald**



**Region 7**
**Waldhessen, Schwalm, Kurhess. Bergland**



**Region 8**
**Kasseler Land, Werra-Meißner**

# Einführung

Für Produkte aus der „Speisekammer der Natur" will dieses Wildkochbuch werben - mit erprobten Wildrezepten von hessischen Bürgerinnen und Bürgern. Deshalb hatten der Landesjagdverband und der Landesbetrieb Hessen-Forst - die frühere Landesforstverwaltung - die Freunde von Wildgerichten dazu aufgerufen, für das neue Hessische Wildkochbuch ihr Lieblingsrezept einzusenden. Das Echo war überwältigend. Es zeigt, wie beliebt Wildprodukte und andere unverfälschte kulinarische Köstlichkeiten aus Wald und Feld bei den Verbrauchern sind. Politiker aller dem Landtag angehörenden Parteien, Ministerpräsident Roland Koch und Umweltminister Wilhelm Dietzel, Vertreter der elektronischen Medien und hunderte von Bürgerinnen und Bürgern haben Kochrezepte eingesandt. Ihnen allen dankt die Arbeitsgruppe von Hessen-Forst und Landesjagdverband dafür sehr herzlich. Das Wildkochbuch-Team musste mit Unterstützung von Lehrkoch Thomas Markus eine Auswahl aus der Fülle der Wildrezepte treffen. Dies ist angesichts der hohen Qualität der Einsendungen nicht leicht gefallen. Aber vielleicht kommen einige der noch nicht berücksichtigten Wildrezepte später in einer Neuauflage des Hessischen Wildkochbuchs zum Zuge.

Die Arbeitsgruppe dankt insbesondere auch den Meisterköchen Ulrich Vomberg, Thomas Markus, und Rainer Holzhauer sowie den Fotografen Florian Funck, Paavo Blafield, Thomas Lammertz und anderen die Fotos von Wildgerichten beigesteuert haben. Außerdem gilt der herzliche Dank der Hessen Touristik Service e. V. (Wiesbaden) und den regionalen hessischen Touristik-Organisationen, die unentgeltlich Fotos von hessischen Landschaften und Sehenswürdigkeiten sowie informative Texte zur Verfügung gestellt haben.

Wir Jäger und Förster wollen in diesem Wildkochbuch nämlich auch zeigen, dass Hessen nicht nur „wilde" kulinarische Genüsse bietet. Denn von Bad Karlshafen im Norden bis Hirschhorn am Neckar im Süden unseres Bundeslandes finden Touristen und Erholungssuchende neben historischen Sehenswürdigkeiten, kulturellen Events, bodenständigen Menschen und regionaler Küche noch ausgedehnte Wälder, stille Winkel und Natur pur. (Weitere Informationen zum Reiseland Hessen finden Sie im Internet unter www.hessen-tourismus.de).

Ein Wunsch noch zum Schluss: Bitte beunruhigen Sie bei der Erholung in der Natur nicht unnötig die Bewohner von Wald und Flur, unsere heimische Tierwelt. Und nehmen Sie bitte Rücksicht auf schützenswerte Lebensräume. Wer die ausgeschilderten Wander-, Reit- und Radwege, Loipen und Pisten benutzt, ist hier stets auf der sicheren Seite.

Dafür dankt Ihnen Ihr Wildkochbuch-Team von Hessen-Forst und Landesjagdverband.

P. S.: Regionale Adressen von Jägern und Förstern, die Wild direkt an den Endverbraucher verkaufen, finden Sie im Internet unter

www.ljv-hessen.de
www.hessen-forst.de

# Hasenpfeffer mit toskanischen Nudeln

**Roland Koch**
*Hessischer Ministerpräsident*

## Für 6 Personen:

1 fertig ausgenommener und enthäuteter Hase von 1,8 kg netto; 1 ½ l Rotwein; 150 g Zwiebeln; 100 g Mohrrüben; 100 g Sellerie; 4 Knoblauchzehen; 4 Lorbeerblätter; 15 g frischer Thymian; 10 Gewürznelken; 20 g Pfefferkörner; 1 Stück Zimt von 3 cm; 1 dl Öl; 2 El Mehl; etwas Wild- oder brauner Fond; 3 cl Grappa; doppelt breite Nudeln (am besten selbst gemacht, sonst gekauft); 100 g Butter; 50 g geriebener Parmesan.

**Schmorzeit:** ungefähr 1 Stunde

Den Hasen in Stücke von ungefähr 50 g teilen. Die Hasenstücke mit dem in Scheiben geschnittenen Gemüse, den zerdrückten Knoblauchzehen den Gewürzen und 20 g Salz 24 Stunden in dem Rotwein marinieren. Das Fleisch gut abtropfen, abtrocknen, in heißem Öl anbräunen und das gut abgetropfte Gemüse sowie die Aromen der Marinade hinzugeben und mit dünsten. Leicht salzen, mit dem Rotwein ablöschen und auf ein Drittel einkochen. Mit dem Mehl bestäuben, umrühren, etwas Wildfond angießen, zudecken und im Ofen fertig schmoren. Sobald alles gar ist, die Fleischstücke herausstechen, die meisten Knochen entfernen und das Fleisch warm stellen. Die Sauce mit leichtem Druck durch ein Sieb passieren, erhitzen, abschmecken, nach Bedarf binden (ggf. mit dem vom Hasen aufgefangenen Blut), das Fleisch hinein geben und mit dem Grappa vervollständigen. Die breiten, gekochten Nudeln (Pappardelle) gut abtropfen, mit der Butter und dem Parmesan binden, abschmecken und servieren.

# Wildschweinbraten Waldecker Art

**Wilhelm Dietzel**
*Staatminister für Umwelt, ländlichen Raum und Verbraucherschutz*
**für 6 Personen**

## Zutaten:

1 kg Wildschweinfleisch (aus der Keule, ohne Knochen)
1l Buttermilch
4EL Speiseöl
125ml (1/8l) heißes Wasser
250g Speiseöl
250g Suppengrün, Salz, geschnittenes Rosmarin
**Für die Sauce:**
125ml (1/8l) Rotwein
125g Champignons
Rosmarin, Pfeffer

## Zubereitung

Zubereitungszeit ca. 2,5 Stunden, ohne Marinierzeit
Fleisch kalt abspülen, trockentupfen, mit Küchengarn zusammenbinden und über Nacht in Buttermilch legen.
Fleisch aus der Buttermilch nehmen, trockentupfen und mit Salz und Rosmarin einreiben. Öl erhitzen und Fleisch darin von allen Seiten gut anbraten. Wasser hinzufügen, Fleisch etwa 2 Stunden schmoren lassen, dabei von Zeit zu Zeit wenden und verdampfte Flüssigkeit nach und nach durch heißes Wasser ersetzen.
Suppengrün putzen, waschen und klein schneiden und etwa 30 Minuten vor Ende der Schmorzeit hinzufügen.
Das gare Fleisch (Garn entfernen) vor dem Schneiden 10 Minuten ruhen lassen, damit sich der Fleischsaft setzt. Fleisch in Scheiben schneiden und auf der vorgewärmten Platte anrichten.
Für die Sauce den Bratensatz mit Wein auskochen, pürieren Champignons putzen, mit Küchenpapier abreiben, evtl. abspülen, trockentupfen, in Scheiben schneiden und kurz in der Sauce gar ziehen lassen. Sauce mit Salz, Rosmarien und Pfeffer würzen
Dazu empfiehlt der Minister hausgemachte Knödel.
Als Wein passt hervorragend ein Rotwein aus dem Rheingau oder von der Bergstraße.

# Hirschbürgel

**Karl-Heinz Stier & Michaele Scherenberg**
*hr-Hessen Fernsehen/ "Hessen à la carte"*

## Zutaten:

Hirschhinterteil („Bürgel" genannt)
zu gleichen Teilen Wein, Essig, Fleischbrühe,
Lorbeerblätter, Gewürznelken, Pfeffer, Salz, Eigelb
Roggenbrot,
gestoßener Zucker,
Zimt, Mandelblätter,
Limonenschale, gemahlene Nelken,
Kardamom, Eischnee.

## Zubereitung:

Hirschbürgel in Wein, Essig, Fleischbrühe, Lorbeerblättern, Nelken, Pfeffer, Salz gar kochen. herausnehmen und mit Eigelb bestreichen. Dann eine Kruste aus geriebenem Roggenbrot, gestoßenem Zucker, Zimt, Mandelblättern, Zitronenschale, Nelken, Kardamom und Eischnee aufdrücken. Hirschbürgel mit Kruste im Backofen backen, bis die Kruste gelbbraun ist. Dazu eine Soße aus Johannisbeeren, die mit warmem Wein, Zitronenschale und Bratenbrühe vermengt sind.

# Gebratener Fasan

**Hans-Dieter Hillmoth**
*Geschäftsführer und Programmdirektor Radio/Tele FFH (HIT RADIO FFH, planet radio, harmony.fm)*

## Rezept für 4 Personen
## Zutaten:

2 Fasane (am besten jung. Man erkennt dies am Sporn: kurz und stumpf bedeutet jung, lang und spitz bedeutet alt).
4 große Scheiben Speck
etwas Butter
1 Sträußchen Petersilie
1/8 l Weißwein
Geflügelbouillon
2 Zwiebel
2 Karotten
7 Wacholderbeeren
etwas Estragon
etwas Majoran
etwas Basilikum
1 Stück Knollensellerie
1 Tomate
Salz, Pfeffer, Speiseöl

Backofen auf 220°C vorheizen.
Die gewaschenen Fasane außen und innen pfeffern und salzen.
Die Fasane mit Speckscheiben umwickeln und diese mit Küchengarn fixieren.
In die Bauchhöhle Butter und Petersilie geben.
Öl in Bräter geben und auf Herdplatte erhitzen.
Fasane in Bräter legen und kurz anbraten.
Mit Weißwein ablöschen und mit Geflügelbouillon aufgießen.
Geviertelte Zwiebeln, geviertelte Tomate, gewürfelte Karotten, Sellerie, Estragon, Majoran, Basilikum und Wacholderbeeren dazugeben.
Bräter zudecken und in den vorgeheizten Ofen stellen.
Nach einer halben Stunde Temperatur auf 200°C reduzieren.
Fasan immer wieder mit der Soße übergießen.
Nach einer Gesamtgarzeit von ca. 80-90 Minuten die Fasane aus dem Bräter nehmen und Speck entfernen, danach warm stellen.
Den Bratensaft und den restlichen Inhalt durch ein Sieb passieren und die entstandene Soße mit Pfeffer und Salz abschmecken.
Die Fasane können am Tisch tranchiert werden.
Als Beilage eignen sich hervorragend Semmelknödel und Weinkraut, das man mit etwas Ananassaft und stückchen veredeln kann.

Ein trockener Weißwein ist der ideale Begleiter.

# Wildschweinbraten à la Taunus

**Dr. Franz Josef Jung,**
*Vorsitzender der CDU-Fraktion im Hessischen Landtag*

Mein persönlicher Favorit bei den Wildgerichten ist ein herzhafter Wildschweinbraten. Angesichts der rasanten Vermehrung der Wildschweine während der vergangenen Jahre, ist das heimische Angebot gerade bei uns im Rheingau überreichlich.

Für ein wirkliches Festmahl benötigen Sie für 6 Personen folgende Zutaten:

1.500 g Wildschweinrücken oder –keule
Speck

**Zur Vorbehandlung des Bratens**
½ Teel. Salbei, geh.
½ Teel. Thymian, geh.
1 Teel. Schwarze Pfefferkörner
1 gestr. Teel. Salz

**Für die Marinade**
500 ml Rotwein (250 ml Marinade/250 ml später zugießen)
100 ml Wasser
10 Wachholderbeeren
2 gestrichene Teel. edelsüßes Paprikapulver
1 Möhre (50 g)
3 Zwiebeln (150 g)

**Für die Soße**
¼ l Fleischbrühe aus Brühwürfel
1 Becher Schmand bzw. süße Sahne
Speisestärke
4 Eßl. Preiselbeerkonfitüre

**Der Braten wird wie folgt zubereitet:**
Fleisch evtl. enthäuten, abspülen und trocken tupfen, dieses mit den Kräutern und den zerstoßenen Pfefferkörnern einreiben und ziehen lassen.
Für die Marinade die Hälfte des Rotweins, Wasser, geputzte zerkleinerte Möhre, geschälte gewürfelte Zwiebeln zum Kochen bringen und diese warm über das Fleisch gießen. 2 Stunden ruhen lassen.
Danach das Fleisch entnehmen, trocken tupfen, salzen, mit Speck umwickeln und in einem Bräter mit Öl im Ofen bei 220-240 Grad C braten.
Nach ca. 60 Minuten den Braten mit der Marinade und dem restlichen Rotwein begießen. Insgesamt beträgt die Bratzeit ca. 90-120 Minuten (Oberhitze-/Unterhitze) bei 220-240 Grad C und sollte nicht unterschritten werden.
Den entstandenen Bratenfond mit Fleischbrühe und Schmand bzw. süßer Sahne auffüllen und mit Speisestärke binden. Zum Schluss 4 Eßl. Preiselbeerkonfitüre und zugeben und abschmecken.
Zur Beilage eignen sich Klöße, Spätzle oder Kroketten.
Als Getränk rate ich zu einem hervorragenden hessischen Spätburgunder: Die Steilhänge des Höllenbergs in Assmannshausen bieten mit ihrem wärmespeichernden Phylitt-Schiefer ideale Bedingungen für Spitzenqualitäten des „Blauen Spätburgunders". Glutrote und feurige Weine machen dem Namen ihres Weinbergs alle Ehre! Der „Assmannshäuser Höllenberg" unserer Staatsweingüter ist mit seinen konzentrierten Aromen von Brombeeren, Bittermandel und wilden Waldfrüchten, gepaart mit geschmacklicher Harmonie und Bekömmlichkeit, ein ausgezeichneter Begleiter zu deftigen Wildgerichten.

# Cinghiale in agrodolce
# Wildschweinragout mit Pflaume (Latium)

**Jürgen Frömmich**
*Abbgeordneter Bündnis 90/ Die Grünen*

Zubereitung 2 ½ Std. (+12 Std. Marinieren)
Pro Portion 2900 kJ/690 kcal

## Zutaten für 4 Portionen:

750 g Wildschein (aus der Keule)
100 g getrocknete, entsteinte Pflaume
30 g Orangeat
30 g Rosinen
eventuell 2 EL Pinienkerne
1 Tl frischer Rosmarin (oder ½ Tl getrockneter)
1 große Zwiebel
5 EL Olivenöl
2 EL Butter
Salz, Pfeffer aus der Mühle

## Für die Marinade:

½ l kräftiger Rotwein
1/8 l milder Rotweinessig
1 Zwiebel
1 Möhre
1 Stange Staudensellerie
1 Lorbeerblatt
1 TL getrockneter Thymian
½ TL Pfefferkörner
2 Gewürznelken
1 TL Zucker
¼ Tl Salz

## Zubereitung

1. Für die Marinade ½ l Rotwein mit 1/8 l Rotweinessig in einem Topf aufkochen. 1 Zwiebel, 1 Möhre und 1 Stange Staudensellerie putzen und grob zerteilen, mit allen angegebenen Gewürzen in den Topf geben. 5 Min. zugedeckt kräftig köcheln, dann abkühlen lassen.
2. Das Wildschweinfleisch in 2-3 cm große Würfel schneiden und in eine Schüssel geben. Mit der kalten Marinade begießen, zugedeckt über Nacht im Kühlschrank durchziehen lassen.
3. Fleischwürfel aus der Marinade nehmen, mit Küchenkrepp abtrocknen. Marinade durch ein feines Sieb gießen und bereitstellen.
4. In einem Schmortopf 5 EL Olivenöl erhitzen. Fleisch portionsweise hineingeben und bei mittlerer Hitze rundum anbräunen. Salzen und pfeffern, die Hälfte der Marinade angießen und das Fleisch im geschlossenen Topf 1 ½ Std. schmoren.
5. Getrocknete Pflaumen in der restlichen Marinade einweichen. 30 g Rosinen in Wasser einweichen.
6. Nach etwa 1 Std. Schmorzeit 30 g Orangeat in winzige Würfelchen schneiden . Pflaumen und Rosinen abtropfen lassen, Marinade auffangen. Pflaumen in feine Streifen schneiden. 1 Zwiebel und 1 Tl Rosmarin fein hacken.
7. In einer Pfanne 2 EL Butter zerlassen. Zwiebel glasig dünsten. Dann Pflaumen, Orangeat, Rosinen und Rosmarin einrühren. Alles gründlich mischen, mit frisch gemahlenem Pfeffer würzen. Aufgefangene Marinade angießen, einige Min. kräftig köcheln.
8. Die Früchtemischung zum Wildschweinragout geben, weitere 10 Min. schmoren. Sobald das Fleisch weich und mürbe ist, die Sauce mit Salz und Pfeffer abschmecken. Eventuell mit 2 EL Pinienkernen bestreuen, sehr heiß servieren.

# Wildschweinbraten auf li(e)berale Art

**Ruth Wagner**
*Staatsministerin a.D. für*
*Wissenschaft und Kunst*
*FDP-Fraktion im hess. Landtag*

## (für 6 Personen)

## Zutaten:

1000 g Wildschweinfleisch aus der Keule

Für die Beize:
½ l Buttermilch
6 Wacholderbeeren
1 Lorbeerblatt
2 Pfefferkörner
2 Pimentkörner
Saft einer Zitrone
1/8 l Rotwein

## Außerdem:

Salz
weißer Pfeffer
40 g Schweineschmalz
¼ l heiße Fleischbrühe aus Würfeln
¼ l Rotwein
20 g Butter oder Margarine
20 g Mehl
50 g ungesüßtes Hagebuttenmark
1 Esslöffel Zitronensaft
Salz
weißer Pfeffer
1 kleiner Becher saure Sahne (100 g)

## Für die Garnierung:

½ Bund Petersilie

## Zubereitung:

Das Wildschweinfleisch unter kaltem Wasser waschen, abtrocknen und mit einem scharfen Messer Sehnen und Fett abschneiden.
Für die Beize Buttermilch, zerdrückte Wacholderbeeren, Lorbeerblatt, Pfefferkörner, Pimentkörner, Zitronensaft und Rotwein in eine Schüssel geben und Fleisch darin einlegen. Zugedeckt 24 Stunden kalt stellen.
Das Fleisch aus der Beize nehmen, mit Haushaltspapier trocken tupfen und dann mit Salz und Pfeffer einreiben.
Schmalz in einem Bräter erhitzen und das Fleisch 10 Minuten darin braun anbraten. Danach mit Fleischbrühe und Rotwein begießen und zugedeckt bei schwacher Hitze 60 Minuten schmoren lassen.
Das Fleisch aus dem Topf nehmen und auf einer Platte warm stellen. Den Bratenfond durch ein Sieb in einen Topf gießen. Einen halben Liter davon abmessen und beiseite stellen.
Die Butter oder Margarine in einem Topf erhitzen und das Mehl darin unter Rühren in 8 Minuten bräunen. Danach mit dem Bratenfond ablöschen und 5 Minuten kochen lassen, dabei gelegentlich umrühren. Dann mit dem Hagebuttenmark, dem Zitronensaft sowie Salz und Pfeffer abschmecken und zum Schluss die saure Sahne unterrühren. Die Soße erhitzen, aber nicht mehr kochen lassen.
Petersilie waschen, trocken tupfen und das in Scheiben geschnittene Fleisch damit garnieren. Die Soße wird getrennt serviert.

## Beilagen:

Apfelrotkraut und Semmelknödel

Als Getränk empfehle ich einen Rotwein.

# Odenwald, Bergstraße und Neckartal

Die Burg Breuberg wurde im 12. Jahrhundert in der südlichsten Region des heutigen Hessen, in dem von der Nibelungensage umwobenen Odenwald, erbaut. Der Naturpark Bergstraße-Odenwald bietet insbesondere Familien mit Kindern viel Abwechslung. Zu den Attraktionen zählen zum Beispiel der Bergtierpark bei Erlenbach, die Wildschweinfütterung bei Michelstadt-Würzberg oder das Spielzeugmuseum in Michelstadt. Besonders sehenswert sind wegen ihres historischen Erbes Michelstadt, Erbach, Hirschhorn, Lorsch und nicht zuletzt Darmstadt, die Stadt des Jugendstils. Im Darmstädter Stadtteil Kranichstein bildet das im 16. Jahrhundert im Renaissancestil erbaute Jagdschloss eine besondere Attraktion. Es beherbergt heute ein Jagdmuseum, das das jagdliche Erbe des Hauses Hessen-Darmstadt präsentiert.

**Weitere Infos:**

*Touristik Service Odenwald - Bergstraße e.V., Marktplatz 1, 64711 Erbach/Odw., Tel.: 0 60 62 / 94 33 30, Fax: 0 60 62 / 94 33 33, E-Mail: info@tourismus-odenwald.de, Internet: www.odenwald.de*

# Bärlauchsuppe

## Zutaten:

**150 g Bärlauchblätter,**
**2 Schalotten,**
**800 ml Bouillon,**
**½ Knoblauchzehe,**
**60 g Butter,**
**2 EL Creme fraiche,**
**100 ml Sahne,**
**Salz, Pfeffer, Muskat.**

## Zubereitung:

Bärlauchblätter in feine Streifen schneiden, Schalotten und Knoblauch würfeln und in Butter anschwitzen, dann Bärlauchblätter dazu. Das Ganze mit Bouillon auffüllen, Sahne und Creme fraiche zugeben, pürieren und nach Geschmack mit Pfeffer,
Salz und Muskat würzen.

*Beate Schmidt, Darmstadt*

# Wildsalat à la Klaus

## Zubereitung:

**500 g Bratenreste in Streifen schneiden, vermengen, mit**
**1 EL fein gehackten Kapern,**
**1 EL Sardellenpaste oder ausgelösten Sardellenfilets,**
**3 kleingeschnittenen Essiggurken,**
**125 g Käsestreifen,**
**falls vorhanden etwas Selleriesalat aus dem Glas,**
**2 kleingeschnittenen Äpfeln,**
**4 EL Öl, 1-2 EL Essig, Salz, Pfeffer, 1 Prise Zucker, etwas Majonäse,**
**mindestens 2 Stunden durchziehen lassen.**

*Hilde Bernhardt, 64569 Nauheim*

# Wildterrine Hilde

## Zutaten:

**375 g kleingeschnittenes und durch den Fleischwolf gedrehtes Wildfleisch,**
**500 g Schweinemett,**
**1 eingeweichtes Brötchen,**
**2 feingehackte Zwiebeln, 1 zerdrückte Knoblauchzehe und 200 g frische kleingeschnittene Champignons in 1 EL Margarine andünsten und erkalten lassen.**

## Zubereitung:

Alle Zutaten mischen. Würzen mit 4 cl Sherry, 2 feingehackten Gewürzgurken, Salz, Pfeffer, 2 Eigelb, Pastetengewürz (oder gemahlenem weißen Pfeffer, Ingwer, Lorbeerblatt, Muskatblüte, Piment und Zimt). Alles gut vermischen und pikant abschmecken. In einer Pastetenform oder Schüssel mit Deckel bei 200°C ca. 50 Minuten im Backofen garen. In der Form erkalten lassen. Der Saft zieht wieder in das Brät ein. Kühl stellen. Wir mögen dazu Stangenweißbrot und Kohlrabisalat.

*Hilde Bernhardt, 64569 Nauheim*

# Linsensalat mit Rehfleisch

## Zubereitung:

**500 g gegarter Rehbraten in Würfeln,**
**250 g Linsen über Nacht einweichen. In ¾ l Salzwasser bissfest garen.**
**2 Tomaten, ½ Gurke würfeln,**
**2 Frühlingszwiebeln in feine Ringe schneiden oder hacken,**
**1 Bund Petersilie ebenfalls hacken,**
**2 EL Balsamico-Essig,**
**4 EL Olivenöl,**
**ca. je 1 TL Kräutersalz, Pfeffer, Kräuter der Provence.**

Alles gut mischen und gut durchziehen lassen.
Auf Salatblättern anrichten. Mit Petersilie garnieren.
Dazu Brot.

*Hilde Bernhardt, 64569 Nauheim*

# Wildschweinsalat

## Zutaten:

**250 g Wildschweinbraten in Würfeln,**
**6 EL Rotweinessig,**
**1 TL süßer Senf,**
**1 TL Zucker**
**Salz, Pfeffer aus der Mühle,**
**4 EL Öl,**
**2 rote Zwiebeln in Würfel schneiden,**
**100 g Äpfel in Streifen,**
**1 Bund gehackte Petersilie,**
**1-2 saure Gurken in Würfeln,**
**2 Tomaten in Streifen.**

## Zubereitung:

Alles mischen und gut durchziehen lassen.
Dazu Brot.

*Hilde Bernhardt, 64569 Nauheim*

# Hagebuttengeist

## Zutaten für ca. 2 l Hagebuttengeist:

**2 l Hagebutten,**
**3 Flaschen guter Korn, 38%, je 0,7 l,**
**2 Kristalle weißen Kandiszuckers, ca. kirschgroß.**

## Zubereitung:

Für einen würzigen und aromatischen Hagebuttengeist ist ganz entscheidend, dass die Früchte Frost bekommen haben. dann kann man sie aber kaum noch sammeln. Daher sammeln wird die Hagebutten frühzeitig und helfen uns mit einem ganz einfachen Trick: Nach dem Waschen abtropfen lassen und für einige Tage in der Kühltruhe einfrieren. Die gefrorenen Hagebutten mit der gleichen Menge ca. 38%igen Korns in einem ausreichend großen, verschließbaren Gefäß für etwa 6 Wochen ansetzen. Pro Liter Korn einen Kandiskristall hinzufügen. Gefäß immer wieder mal wenden.

Nach der Ansatzzeit mit einem Sieb abseihen und stehen lassen, bis die feineren Schwebstoffe sich am Gefäßboden absetzen. Dann den Hagebuttengeist noch durch einen Kaffee- oder Teefilter filtrieren. Der Hagebuttengeist reift noch lange nach, das Aroma wird mit der Zeit noch runder und voller.

*Dr. Michael Henninger, 69488 Birkenau*

# Gefüllter Fasan

## Zutaten:

**1 Fasan (ca. 1 kg),**
**2 EL weiche Butter,**
**1 Ei,**
**3 EL Semmelbrösel,**
**50 g grob gehackte Mandeln**
**100 g weißer Speck in Scheiben,**
**150 g Sahne,**
**2 EL Butterschmalz,**
**¼ l trockener Weißwein (am besten Weißburgunder),**
**Salz, Muskatnuss, frisch gemahlener Pfeffer.**

**Für die Sauce:**
**250 ml Holundersaft,**
**1 Eiweiß,**
**ein Schuss Sahne,**
**Salz, Zucker.**

## Zubereitung:

Den gerupften und ausgenommenen Fasan am Stück waschen und trocken tupfen. Für die Füllung Butter verrühren, Eigelb mit Semmelbröseln, grob gehackten Mandeln und 50 g Sahne untermischen, mit Salz und Muskat würzen. Eiweiß steif schlagen und unterheben. Den Fasan mit der Masse füllen, zunähen, außen mit Salz und Pfeffer würzen. Mit Speckscheiben umwickeln, vor allem darauf achten, dass die Keulen gut vom Speck umgeben sind, gegebenenfalls mit Küchengarn fixieren. Butterschmalz in einer feuerfesten Form erhitzen und den Fasan von allen Seiten darin anbraten. Mit Wein und der restlichen Sahne ablöschen, abgedeckt für 25 Minuten in den auf 180°C vorgeheizten Ofen schieben. Die Sauce wird kurz vor dem Servieren folgendermaßen zubereitet: Den Holundersaft mit einem Schuss Sahne in einem kleinen Topf erhitzen. Die heiße Holundersauce unter das steif geschlagene Eiweiß heben. Mit der Bratensauce des aus dem Ofen genommenen Fasans abschmecken. Den garen Fasan in Portionsstücke schneiden. Die Füllung evtl. in Scheiben neben dem Fasan anrichten. Dazu Semmelknödel, evtl. Maronen(mus) reichen.

*Jäger Marcus Weigandt, Darmstadt*

# Großmutters Dippe-Has

## Zutaten:

**1 Feldhase,**
**1 l Buttermilch,**
**2 Zwiebeln,**
**250 g Dörrfleisch,**
**1 Flasche Rotwein,**
**4 Scheiben trockenes Roggenbrot,**
**1 Becher saure Sahne,**
**500 g Champignons,**
**250 g Pfifferlinge,**
**Salz, Pfeffer,**
**1 Knoblauchzehe,**
**Wildgewürzmischung,**
**1 Glas Cognac.**

## Zubereitung:

Den Hasen zerwirken (Keule, Blatt und Rücken), salzen, pfeffern und mit der Wildgewürzmischung kräftig einreiben. In 1 l Buttermilch über Nacht ziehen lassen.
Hase abtupfen und in einem Bräter anbraten, Zwiebeln und Dörrfleisch in einer Pfanne anbraten und zum Hasen geben.
Rotwein, kleingeschnittenes Roggenbrot, saure Sahne, Champignons, Pfifferlinge, zerdrückten Knoblauch, Lorbeerblätter und Cognac in den Bräter geben und verschließen.
Nicht öffnen, nicht umführen!
Bei 200°C in der Backröhre 2 Stunden braten lassen.
Dazu servieren wir Knödel und Rotkraut.

*Beate Schmidt, Darmstadt*

# Dippehas nach Försterart

## Zutaten:

**Hase und/oder Kaninchen,
je nach Gusto auch noch 1 kg Schweinekamm,
200-300 g Räucherspeck (Dörrfleisch),
jede Menge Zwiebeln (6-8),
4-8 Knoblauchzehen,
ca. je 200 g Möhren, Sellerie, Lauch,
4 Lorbeerblätter,
Wacholderbeeren,
½ TL gem. Koriander,
1 Msp. Muskatblüte,
1 Zweig Rosmarin,
5 Nelken,
wenig Salbei,
Pfeffer,
Salz (nicht zu sparsam),
1 Flasche Rotwein,
4-5 Hände voll zerbröseltes Bauernbrot.
Ob man das Wild vorher in Wein/Buttermilch einlegt, ist Geschmackssache.**

## Zubereitung:

Hase/Kanin und evtl. Fleisch in Teile zerlegen, mit Salz und Pfeffer einreiben und scharf anbraten in großem Bräter. Fleisch mit etwas Rotwein löschen, rausnehmen und warm halten Räucherspeck und Zwiebeln in Würfel schneiden, Knoblauch hacken, Gemüse klein schneiden und in den Reihenfolge im Fleischfond anbraten, Gewürze hinzugeben und mit braten. Den Bräter leer machen, das Fleisch schichtweise einlegen und immer mit etwas Speck/Zwiebeln/Gewürz-Mix bedecken. Mit Rotwein auffüllen, evtl. noch etwas Brühe, und zum Schluss mit dem Brot abdecken.Deckel drauf und im Backofen 2 ½ - 3 Stunden bei 160°C , nach 1 Stunde zurück auf 120°C, garen.

*Rudolf Reichwein, Bensheim*

# Hubertusbraten à la Elisabeth

## Zutaten:

**1 Reh- oder Wildschweinkeule,
250 g Karotten,
1 Stange Lauch,
¼ Stück Sellerie,
1 Zwiebel.**

## Zubereitung:

Alles Gemüse klein schneiden und in Bräter oder glasierten Tontopf mit 1 Lorbeerblatt und 2 Würfel Bratensaft geben.
Darauf das gefrorene Wildfleisch geben, das vorher mit frisch gemahlenem Pfeffer und 4 zerdrückten Wacholderbeeren eingerieben wurde, zugedeckt in den Backofen geben und 3 – 3 ½ Stunden bei 180°C braten. Nach der Hälfte der Bratzeit 2-3 EL Johannisbeergelee über das Fleisch geben. Nach Beendigung der Bratzeit die Soße durchpassieren und mit süßer Sahne, Johannisbeergelee und Gewürzsalz abschmecken.
Dazu reicht man Kartoffelknödel, Rotkraut oder Rosenkohl sowie Birnenhälften, gefüllt mit Preiselbeeren.

*Elisabeth Loetzner, 64625 Bensheim*

# Alfred Jakoubek's Rehrücken natur

## Zutaten:

**Ein Rehrücken von einem jungen Reh,**
**ca. 30 g Butter,**
**etwas Speiseöl,**
**ca. 200 g Dörrfleisch,**
**etwas Weißwein aus Rossdorf,**
**Umstadt oder von der Bergstraße.**

## Zubereitung:

Einen bis zu zwei Tagen abgehangenen und enthäuteten Rehrücken salzen, pfeffern und mit dem nudelig geschnittenen Dörrfleisch spicken. Mit der Rundung nach oben in die Pfanne legen und in Butter braten. Der Butter sollte ein Schuss Sonnenblumen-, Nuss- oder Olivenöl beigefügt werden. Nachdem der Rücken rundum im eigenen Saft und der Butter gut angebraten ist, hin und wieder einen Spritzer Weißwein zufügen. Den Rücken immer wieder mit der Butter übergießen. Nach einer ¾ - 1 Stunde sollte der Rücken außen knusprig braun und innen zart rosa sein. So ist er genau richtig. Den Rücken herausnehmen, in Scheiben schneiden, die Knochen mit einem scharfen Messer trennen, aber auf ihrem Platz lassen. Den Bratensaft kann man, wenn man will, weiter köcheln und nach Gusto mit etwas Wein und Sahne strecken, mit Wacholder, Lorbeer, Oregano u.a. Gewürzen versehen. Dazu gehören natürlich Preiselbeeren. Als weitere Beilage empfehle ich in Salzwasser blanchierte, mit Knoblauch-Olivenöl beträufelte Brokkoli sowie ein Kartoffelgratin oder Schweizer Rösti oder einen Serviettenknödel nach Wiener Art mit viel frischer Petersilie drinnen. Wer Knoblauch nicht mag, der kann die heißen Brokkoli auch in Nussöl mit Walnuss- oder Mandelsplittern wälzen. Passend dazu sind viele Rotweine, aber auch 94er Umstädter Riesling trocken.

*Alfred Jakoubek, Landrat, 64297 Darmstadt*

# Wildschwein toskanische Art

## Zutaten:

**1 kg Wildschwein (4 Personen) aus der Schulter, Keule oder Rücken ohne Knochen,**
**4 Gemüsezwiebeln,**
**1 Knoblauchknolle,**
**4 große Karotten,**
**½ Sellerieknolle,**
**Rosmarin (getrocknet oder frisch),**
**Pfeffer, Salz,**
**Olivenöl,**
**1 Flasche Chianti oder ein sonstiger kräftiger Italiener,**
**2 große Dosen gewürfelte Tomaten,**
**¼ l Gemüsebrühe,**
**Für die Optionen: 1 Dose weiße Bohnen (Saubohnen) abgetropf oder 1 Glas Oliven (grün oder schwarz) abgetropft oder 1 Tüte getrocknete Pflaumen.**

## Zubereitung:

Fleisch putzen, von Sehnen und Haut entfernen, in kleine Stücke schneiden (etwas kleiner als Gulasch) und jeweils in kleinen Portionen à 150 g im Olivenöl (Bräter) scharf anbraten. Nach jedem Anbratvorgang das Fleisch entnehmen, separieren und das Olivenöl entfernen (wegschütten). Nachdem das gesamte Fleisch angebraten ist, wird das Gemüse ganz klein geschnitten (ggf. in der Küchenmaschine) und im Olivenöl angebraten und dann ca. 10 Minuten geschmort. Fleisch, Rosmarin (reichlich), Salz und Pfeffer hinzufügen und weitere 10 Minuten schmoren und dann mit ¼ l Rotwein zunächst ablöschen, schmoren und mit dem restlichen Rotwein auffüllen. Den Bräter in die Backröhre geben (mittlere Stufe 230°C) und 1 ½ Stunden mit offenem Deckel weiter schmoren. Gelegentlich durchrühren und bei dem Einkochen der Flüssigkeit mit der Gemüsebrühe auffüllen und die Tomatenstücke nach diesen 1 ½ Stunden hinzufügen. Nochmals ½ Stunde schmoren und danach eventuell die jeweiligen Optionen beigeben (falls gewünscht). Beilagen: Tagliatelle oder Gnocchi sowie italienisches Landbrot. Rotwein: Z.B. Chianti Classico „Gallo Nero" und zu Abschluss mit Grappa nachspülen!

*Andreas A. Neumann, 64297 Darmstadt*

# Kalte Rehkeule

## Zutaten:

**Ein kompaktes Stück aus der Rehkeule von ca. 1 kg,
Salz und frisch gemahlener Pfeffer,
1 EL rosa Beeren, gemörsert oder gemahlen,
1 TL Wacholderbeeren, gemörsert oder kleingeschnitten,
die Nadeln von einem Zweig Rosmarin, kleingeschnitten,
2-3 EL Pilzpulver,
200 ml trockener Weißwein oder Sekt,
je eine rote und weiße Zwiebel, in dünne Ringe geschnitten.**

## Zubereitung:

Ein kompaktes Stück aus der Rehkeule mit Salz, Pfeffer, rosa Beeren, gemahlenem Wacholder, Rosmarin und Olivenöl einreiben. Im gewässerten Römertopf kalt in den Ofen, bei 170°C ohne Umluft ca. 90 Minuten schmoren, dann ganz auskühlen lassen. Ein Glas Sekt oder Wein mit Pilzpulver aufkochen, den Bratenfond zugeben, stark reduzieren und mit Salz und Pfeffer abschmecken. Kalt werden lassen. Die kalte Keule mit der Brotschneidemaschine in dünne Scheiben schneiden und auf Tellern anrichten. Dünne Zwiebelringe darauf verteilen, mit der kalten Sauce beträufeln. Mit frischem, knusprigem Weißbrot servieren.

*Dr. Michael Henninger, 69488 Birkenau*

# Rehlende mit Odenwälder Waldfruchtsauce

## Zutaten:

**Die gut ausgelösten Rückenstränge („Lende") eine Stück Rehwildes, pro Person hiervon etwa 200-250 g einkalkulieren,
frisches Rosmarin und Thymian,
1 EL Butter,
1 EL Mehl,
2 EL Olivenöl,
Salz und frischgemahlener Pfeffer,
2 rote Zwiebeln,
1 Knoblauchzehe,
1 ca. erbsgroßes Stück frischen Ingwer,
2 EL Tomatenmark,
100 ml Hagebuttengeist,
200 ml Rotwein,
2 EL Pilzpulver,
400 ml Wildfond,
4 EL Preiselbeermarmelade.**

## Zubereitung:

1 EL weiche Butter mit 1 EL Mehl zu einer Kugel kneten, im Kühlschrank kaltstellen. Rehlende pfeffern und zusammen mit einem frischen Zweig Rosmarin und Thymian in einer beschichteten Pfanne in 2 EL Olivenöl bei mittlerer Hitze von allen Seiten anbraten (gesamte Bratzeit ca. 10 Minuten). Fleisch herausnehmen, fest in Alufolie einwickeln und zusammen mit den Tellern im Backofen warm stellen (ca. 100°C). Zwiebeln, Knoblauchzehe und den Ingwer sehr fein schneiden und zum Bratsatz geben. 2 EL Tomatenmark ganz kurz mitrösten, dann mit 100 ml Hagebuttengeist ablöschen. 2 EL Pilzpulver, 200 ml Rotwein, 400 ml Wildfond (ersatzweise Gemüsebrühe) und 4 EL Preiselbeermarmelade zugeben und stark einkochen. Dann die Sauce durch ein Sieb geben oder mit dem „Zauberstab" pürieren. Mit Salz und Pfeffer würzen. Hitze reduzieren. Die nicht mehr kochende Sauce mit der Butter-Mehl-Kugel aus dem Kühlschrank eindicken (mit dem Schneebesen einrühren, bis sie ganz geschmolzen ist). Die Lende in Scheiben geschnitten auf vorgewärmte Teller (ganz wichtig!) anrichten, jetzt erst salzen. Den in der Alufolie vorhandenen Fleischsaft zur Sauce geben. Dazu passen am besten selbstgemachte Spätzle oder Steinpilzknödel.

*Dr. Michael Henninger, 69488 Birkenau*

# Damwildkeule mit Backpflaumen

## Zutaten:

**1-1,5 kg Damwildkeule,
200 g Backpflaumen,
¼ l Rotwein,
Salz, Pfeffer, Kräuter der Provence,
¼ l Wasser,
500 g kleine Zwiebeln,
1 Schachtel Bratensoße Instant,
1/8 l saure Sahne,
zum Abschmecken evtl. noch etwas Salz, Pfeffer, Rotwein.**

## Zubereitung:

Die Backpflaumen in Rotwein über Nacht einweichen. Den Braten ca. 3 Stunden vor dem Anbraten mit Salz, Pfeffer, Kräutern der Provence und Rotwein einreiben. Anbraten. Mit ½ l heißem Wasser ablösen. Etwa 1,5-2 Stunden braten. Zwischendurch mit Rotwein begießen. 10 Minuten vor Ende der Garzeit die geschälten ganzen Zwiebeln und die Backpflaumen mit der Flüssigkeit hineingeben. Dann gar schmoren lassen. Braten herausnehmen und warm stellen. Die Bratflüssigkeit evtl. noch mit etwas Wasser und Rotwein auffüllen. Mit Bratensoße binden und mit saurer Sahne und Gewürzen abschmecken.

*Hilde Bernhardt, 64569 Nauheim*

# Wildgans

## Zubereitung:

Die bratfertige Gans bei 200°C 15 Minuten in der Grillpfanne in den Backofen schieben. Mit einer Pinzette die restlichen Kiele entfernen.

## Füllung:

**250 g Schweinehackfleisch,
250 g Maronen püriert (Dose), 250g Maronen zerhackt (Dose).
Am besten schmecken frische Maronen.
Kreuzweise einschneiden und bei 200°C ca. 20 Minuten auf dem Backblech garen. Schälen.
1 große Zwiebel und 1 großer säuerlicher Apfel in Würfel schneiden,
15 g Dörrfleischwürfel,
2 EL Rosinen,
Leber und Herz in etwas Butter anbraten und würfeln,
4 cl Cognac.
Füllung mit Salz, Pfeffer, Thymian, Basilikum und Beifuß abschmecken.
Die Gans mit der Mischung füllen und zunähen.**

Die Gans in einen Bräter geben und mit ca. ½ l heißem Wasser übergießen.
Garzeit ca. 2,5-3 Stunden bei 210-225°C.

Gans zwischendurch mit Bratfond begießen. Nach der Hälfte der Bratzeit umdrehen. Ausgetretenes Bratfett abschöpfen.
Die fertige Gans auf einer vorgewärmten Platte anrichten und warm stellen.
Bratfond mit ca. ½ l Wasser loskochen und durch ein Sieb in einen Topf gießen. Speisestärke mit etwas Wasser oder trockenem Weißwein anrühren, die Soße damit binden. Falls etwas Füllung übrig bleibt, einfach am Ende mit in die Soße geben.

Dazu Rotkraut mit etwas Bratfett von der Gans. Salzkartoffeln, Kartoffelklöße oder Semmelknödel.

*Hilde Bernhard, 64569 Nauheim*

# Frikadellen vom Wild-schwein

## Zutaten:

**1000-1500 g Fleisch,**
**auch Kleinteile von Rippen und Läufen (ohne Sehnen),**
**150 g fetter Speck,**
**200 g Schweinemett,**
**100 g Lachsschinken,**
**alles durch den Fleischwolf drehen.**

**2 Zwiebeln,**
**2 Knoblauchzehen,**
**1 große rote Paprika,**
**1 Bund Petersilie,**
**alles fein hacken.**

**1 eingeweichtes, ausgedrücktes Brötchen,**
**1 Ei, 2 TL Senf, Paprika edelsüß,**
**½ TL Wildgewürz, Hackfleischgewürz (Tütchen vom Metzger),**
**evtl. Salz, Pfeffer.**

## Zubereitung:

Alles in einer großen Schüssel vermengen, abschmecken, Frikadellen formen und in ausgelassenem Wildschweinfett (wenn vorhanden) oder Öl in einer gusseisernen Pfanne braten. In rohem Zustand eignen sich die Frikadellen sehr gut zum Einfrieren. Dazu passt Kartoffelgemüse.

*Elisabeth Schultheiß, 64546 Mörfelden-Walldorf*

# Spätzle

## Zutaten:

**250 g Mehl,**
**2 Eier,**
**1/8 l lauwarmes Wasser,**
**1 TL Salz.**

## Zubereitung:

Daraus schlägt man einen zähen Teig so lange, bis er Blasen wirft und bis kein Teigrest am Kochlöffel mehr hängen bleibt, wenn er zur Probe in die Höhe gehalten wird.
Etwas von diesem Teig auf ein in kaltes Wasser getauchtes Spätzlebrett geben und mit einem Messer oder Teigschaber dünne Streifen in sprudelnd kochendes Wasser schaben oder Spätzlehobel benutzen. Wenn die Spätzle hochkommen, mit einem Schaumlöffel herausnehmen, kurz in heißem Wasser schwenken und in einem Sieb abtropfen lassen.

*Hilde Bernhardt, 64569 Nauheim*

# Steinpilz-Semmelknödel

## Zutaten:

**50 g getrocknete Steinpilze,**
**8 alte Semmeln,**
**150 ml Milch,**
**1 Zwiebel,**
**2 EL Butter,**
**1 Bund Petersilie,**
**Salz,**
**1 EL Mehl,**
**5 Eier.**

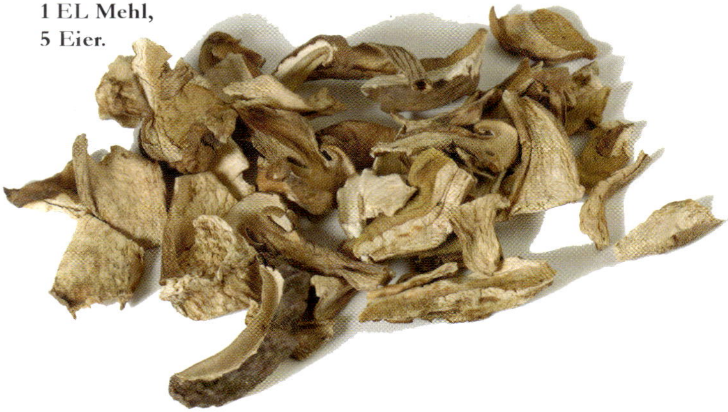

## Zubereitung:

50 g getrocknete Steinpilze in warmem Wasser ca. 30 Minuten einweichen. Dann ausdrücken und sehr fein schneiden.
8 alte Semmeln in eine große Schüssel feinblättrig schneiden, mit 150 ml heißer Milch übergießen.
1 feingewiegte Zwiebel zusammen mit den Steinpilzen in 2 EL Butter glasig dünsten, 1 Bund frischgeschnittene Petersilie kurz mitdünsten, dann alles zu den Semmeln geben.
1 TL Salz, 1 EL Mehl und 5 Eier dazu, grob vermischen und 20-30 Minuten ziehen lassen. Dann kräftig durchkneten und mit angefeuchteten Händen zierliche Knödel rollen (gibt ca. 12 Stück).
Die Knödel in einem großen Topf mit siedendem Salzwasser (Perfektionisten fügen das Einweichwasser der Pilze bei) 20 Minuten ziehen lassen, nicht kochen.

*Dr. Michael Henninger, 69488 Birkenau*

# „Verheijede" (Pellkartoffelsalat)

## Zutaten:

**1 EL mittelscharfer Senf,
1-2 Zwiebeln,
etwas gehackte Petersilie,
Salz,
weißer Pfeffer,
Essig,
Öl,
saure oder süße Sahne nach Belieben,
1 kg Pellkartoffeln,
1 Salatgurke.**

## Zubereitung:

Aus den angegebenen Zutaten eine Marinade zubereiten.
Die kalten „Gequellde" – Pellkartoffeln – schälen und in kleine Stücke schneiden, 1 Salatgurke – möglichst eine Bauerngurke – in Scheiden schneiden und alles in die Marinade geben. Gut durchziehen lassen.

# Kartoffelgemüse mit Grieben vom Wildschweinfett

## Zutaten:

**Ca. 15 mittelgroße Kartoffeln (in der Schale gepellt),
100 g Dörrfleisch,
1 Zwiebel,
1 Lorbeerblatt,
Salz,
etwas weißen Pfeffer,
½ EL Mehl,
Fleischbrühe nach Bedarf,
Essig,
Petersilie,
kross gebratene Grieben vom Wildsschweinfett.**

## Zubereitung:

Die gekochten Kartoffeln schälen, erkaltet in Würfel schneiden. Das Dörrfleisch würfeln, anbraten, die geschnittene Zwiebel darin dünsten, mit Mehl bestäuben. Fleischbrühe angießen und aufkochen. Lorbeerblatt, Salz, Pfeffer und Kartoffeln zufügen. Bei geringer Hitze gut durchziehen lassen. Mit Essig abschmecken und die gewiegte Petersilie zufügen.
Die Grieben streut sich jeder selbst über das fertige Gemüse.

*Elisabeth Schultheiß, 64546 Mörfelden-Walldorf*

# Böhmische Knödel

## Zutaten:

**500 g griffiges Mehl,**
**1 Päckchen Trockenhefe,**
**1 TL Salz,**
**2 Eier,**
**4 EL lauwarme Milch,**
**ca. ¼ l warmes Wasser.**

## Zubereitung:

Hefe zergehen lassen. Anschließend alle Zutaten mischen. Mit einem Tuch abdecken und 15 Minuten ruhen lassen.
1-2 Brötchen oder Weißbrot vom Vortag in kleine Würfel schneiden und in einer Pfanne in etwas Fett leicht rösten. Öfters umrühren.
Würfel mit dem Teig mischen und gut durcharbeiten.
Zwei Laibe formen. Die Außenseite sollte keine Risse haben.
Etwas Mehl auf die Arbeitsfläche geben. Die beiden Knödel mit einem Tuch abdecken und 30 Minuten ruhen lassen.
In einen großen Topf mit kochendem Salzwasser geben. Den Topfdeckel evtl. etwas offen lassen. Nach 15 Minuten Kochzeit die beiden Knödel wenden und weitere 10-15 Minuten fertig garen. Mit dem Sieblöffel aus dem Wasser nehmen und mit einem Zwirnsfaden in Scheiben schneiden.
Falls etwas übrig bleibt, am nächsten Tag die restlichen Knödelscheiben in einer Pfanne mit etwas Fett von beiden Seiten anbraten.

*Hilde Bernhardt, 64569 Nauheim*

# Kartoffelklöße

## (ca. 8 Stück)

## Zubereitung:

1 kg Pellkartoffeln reiben, 2 Eier, evtl. etwas Weckmehl, Mehl, Majoran, Salz.
Zu einem glatten Teig verarbeiten. Knödel formen (keine Risse).

Ca. 10 Minuten in heißem Salzwasser garen.

*Hilde Bernhardt, 64569 Nauheim*

# Rhein-Main-Region und Wetterau

Die Skyline von „Mainhatten“: Börse, Bankentürme, Messen und natürlich der Flughafen – daran denken wohl die meisten als erstes, wenn sie Frankfurt hören. Neben dem Ruf als internationale Finanzmetropole im Zentrum Europas verschwindet aber fast ein wenig, dass Frankfurt weit mehr zu bieten hat: Kulturelle Highlights, Sportereignisse, zahlreiche Sehenswürdigkeiten und hervorragende Einkaufsmöglichkeiten sorgen genauso wie bodenständige Gaststätten oder trendige Bars dafür, dass es den Gästen keine Minute langweilig wird. Vor allem wegen des einmaligen Museumsufers mit insgesamt 14 Museen auf beiden Mainseiten genießt Frankfurt den Ruf einer bedeutenden Kulturstadt. Und vor den Toren der Stadt breiten sich Taunus und Wetterau aus, die mit ihren historischen Zeugnissen aus der Römer- und Keltenzeit einen ebenso interessanten wie anschaulichen Blick in die Geschichte bieten.

**Weitere Infos:**
*Tourismus+Congress GmbH, Frankfurt am Main, Kaiserstrasse 56, 60329 Frankfurt am Main, Tel. (069) 21 23 88 00, Fax: (069) 21 23 78 80, E-Mail: info@tcf.frankfurt-de, Internet: www.frankfurt.de*

# Hasenfilets mit Calvadoskäse

## Zutaten:

**2 Hasenfilets (etwa 300 g),**
**1 TL Wacholderbeeren,**
**schwarzer Pfeffer,**
**2 EL Pinienkerne,**
**4 EL Öl,**
**Salz,**
**75 g Roquefort,**
**25 g weiche Butter,**
**2 EL Calvados,**
**½ Kästchen Kresse**
**6 Scheiben Toastbrot, etwa 250 g.**

## Zubereitung:

Die Filets waschen und trockentupfen. Die Wacholderbeeren zerdrücken. Die Filets damit einreiben und mit Pfeffer würzen.
Die Pinienkerne in einer Pfanne trocken goldbraun rösten, herausnehmen. 2 EL Öl in der Pfanne erhitzen, die Hasenfilets darin rundherum stark anbraten. Salzen, dann bei mittlerer Hitze rundherum etwa 8 Minuten braten. Herausnehmen und abkühlen lassen.
Den Roquefort mit der Butter und dem Calvados pürieren. Die Masse pfeffern und in einen Spritzbeutel füllen. Die Hasenfilets in etwa 2 cm dicke Scheiben schneiden, die Käsecreme aufspritzen, mit den Pinienkernen garnieren. Aus den Brotscheiben Taler in der Größe der Medaillons ausstechen. Das restliche Öl in der Pfanne erhitzen. Nach und nach die Brottaler darin von beiden Seiten knusprig braten. Herausnehmen, auf Küchenpapier abtropfen lassen und die Hasenmedaillons darauf setzen. Mit Kresse garnieren.

*Lothar Grzesewitz, Friedberg*

# Wild-Hackfleischsuppe mit Gemüse

## Zutaten:

**250 g Hackfleisch vom Wildschwein oder Reh,
1 Stück Sellerieknolle,
knapp ½ Kopf Weißkohl,
2 EL Margarine,
2 EL Senf,
1 zerriebenes Lorbeerblatt,
1 ½ l Würfelbrühe,
1 EL Sojasoße,
2 Stangen Lauch,
150 g Tiefkühlerbsen oder Erbsen aus der Dose,
Salz, Pfeffer.**

## Zubereitung:

Wildhackfleisch in einen Topf mit heißem Fett einflocken, unter Rühren bräunen. Sellerieknolle und Weißkohl putzen und fein hobeln, zu dem Hackfleisch geben und ebenfalls braun werden lassen. Senf, Lorbeerblatt, Brühe und Sojasoße zugeben, salzen und pfeffern.
Alles ca. 10 Minuten kochen.
Lauch putzen und in Ringe schneiden, zusammen mit den Erbsen zu der Suppe geben, noch 10 Minuten kochen lassen, abschmecken und servieren. Dazu passt Bauernbrot oder Baguette.

*Lina Sommer, 63542 Hainburg*

# Wildschinken

## Zutaten:

**1000 g Fleisch aus der Keule von Reh oder Wildschwein.
Salz: 40 g,
Pfeffer gemahlen: 2 g,
Knoblauch: 2 g,
Traubenzucker: 4 g,
Kümmel zerstoßen: 1 EL,
Koriander: 1 TL.**

## Zubereitung:

Knoblauchzehe mit einer Gabel mit Salz fein zerdrücken, die Gewürze mischen und zerreiben. Das Stück Fleisch steckt man in einen Schinkensack (erhältlich im Metzgereibedarf) oder wickelt es wie einen Rollbraten mit einem starken Faden aus dem Metzgereibedarf. Das Fleisch wird mit der Gewürzmasse eingerieben und in einen verschließbaren Topf mit Abtropfgitter oder Sieb gelegt. Diesen Topf stellt man 5 Tage in einen Kühlschrank. Dann wäscht man das Fleisch gut ab und trocknet es mit einem Handtuch. Dann räuchert man 3-7 mal ca. 6-10 Stunden, nach jedem Räuchervorgang 1 Tag Pause, dabei lässt man den Schinken im Räucherschrank hängen. Mit dem Räuchern wird der Schinken fester und trockener. Man kann den Schinken nach dem 3. Räuchern bereits anschneiden (nachdem er 2-3 Tage geruht hat, sonst schmeckt er zu sehr nach Rauch), er ist dann noch ziemlich weich. Zum Räuchern nimmt man reines Buchenräuchermehl.

*Margarethe Burow, 63512 Hainburg*

# Geschnetzeltes aus Leber, Nieren und Herz

## Zutaten:

**1 Leber, 1 Herz und 2 Nieren vom Schalenwild,
2 mittelgroße Zwiebeln,
1-2 Äpfel,
Salz, Pfeffer, Mehl,
Sahne,
Pflanzenfett,
Rotwein,
Sherry.**

## Zubereitung:

Die frischen Innereien ordentlich säubern und von Gallengängen, Häuten, Fett und Knorpeln befreien. Danach alles in etwa 0,5-1 cm dicke Streifen schnetzeln und mit wenig Pflanzenfett anbraten. Zwischenzeitlich die Zwiebel schälen und in Ringe schneiden. Die Äpfel schälen und von Kerngehäuse befreien. Anschließend in Würfel schneiden. Wenn die Innereien gerade gar sind, die Zwiebel und die Äpfel zugeben und mit den Innereien glasig dünsten. Mehl darüber stäuben, kurz schwenken und dann die Sahne zugeben. Danach Salz und Pfeffer sowie den Rotwein und den Sherry hinzuschütten. Alles noch einmal kurz aufkochen lassen, damit die entstehende Sauce abbindet.

Garzeit je nach Menge ca. 20-30 Minuten. Mit Kartoffelpüree oder Weißbrot servieren.
Als Wein bevorzuge ich dazu einen Ruländer.

*Dirk Michel, 63454 Hanau*

# Wildbraten im Bratschlauch

## Zutaten:

**1-1,5 kg Wildschwein-, Hirsch- oder Rehbratenstück oder ausgebeinter Rücken,
6-8 Wacholderbeeren,
2 Lorbeerblätter,
2 große Zwiebeln,
1 Bund Suppengrün,
1 Flasche Rotwein,
¼ l süßer Rahm,
Salz und Pfeffer,
Bratschlauch-Folie.**

## Zubereitung:

Fleisch gut mit Pfeffer und Salz würzen.
Länge des Bratschlauches laut Packungsanleitung abmessen.
Fleisch in Bratschlauch legen, eine Seite schließen. Geviertelte Zwiebeln, groß zerkleinertes Suppengrün, Wacholderbeeren, Lorbeerblätter hinzufügen. Zum Schluss 3-4 EL Rotwein zugeben. Zweite Seite des Bratschlauches schließen, kleiner Lüftungsschnitt oben im Schlauch. Das Ganze auf dem kalten Rost in den auf 220°C vorgeheizten Backofen, unterste Stellung, schieben. Ca 1 ½-1 ¾ Stunden braten lassen (je nach Bratendurchmesser).
Rost mit Bratschlauch aus dem Backofen auf einen Topf stellen. Schlauchunterseite anstechen und Fond in den Topf laufen lassen. Sauce mit Rahm verfeinern und abschmecken. Braten aufschneiden und mit Weißbrot, Salaten der Saison und der Sauce servieren.

*Ulrich Picard, 63165 Mühlheim/Main*

# Wildente pikant

## Zutaten:

**2 küchenfertige Wildenten,**
**Salz, weißer Pfeffer,**
**2 Äpfel,**
**1 Orange,**
**4 EL Rosinen,**
**2 EL Rum,**
**6 EL Öl,**
**1/8 l Hühnerbrühe,**
**1 TL Johannisbeergel**
**1 EL Speisestärke,**
**Saft einer Orange,**
**5 EL Sherry medium**

## Zubereitung:

Ente innen und außen waschen und trocknen. Innen und außen mit Salz und Pfeffer einreiben.
Äpfel vierteln, entkernen und würfeln, Orange schälen und würfeln, mit den Rosinen und dem Rum mischen. Enten damit füllen und verschließen.
Enten mit Öl bestreichen und in einem Bräter im vorgeheizten Ofen (200°C) ca. 70-80 Minuten braten. Immer wieder mit Öl bestreichen und evtl. etwas Wasser angießen.
Enten herausnehmen und warm halten. Bratensatz mit Hühnerbrühe aufkochen, Johannisbeergelee dazu geben, mit Speisestärke binden. Orangensaft hinzufügen. Mit Salz, Pfeffer und Sherry abschmecken. Dazu reicht man Kartoffelknödel, Rotkraut und Preiselbeeren.

*Margarethe Burow, 63512 Hainburg*

# Damhirschbraten süß-

## Zutaten:

**1200-1300 g Damhirschbraten aus der Keule,**
**Salz, Pfeffer und Knoblauchzehe,**
**Margarine oder Öl,**
**ca. je 125 ml Gemüsebrühe + Weißwein + Ananassaft mischen,**
**3 Scheiben Ananas aus der Dose,**
**Speisestärke,**
**1 Becher Schlagsahne.**

## Zubereitung:

Damhirschbraten waschen, abtrocknen. Mit geschälter, zerriebener Knoblauchzehe, Salz und Pfeffer einreiben.
Fett im Bräter erhitzen. Fleisch darin 15 Minuten scharf anbraten. Gewürfelte Ananas zugeben, durchschmoren. Mit der Mischung aus Gemüsebrühe, Weißwein und etwas Ananassaft ablöschen. Den Braten in den auf 180-200°C vorgeheizten Backofen geben und 60-70 Minuten garen, dazwischen immer wieder mit dem Gemisch aus Gemüsebrühe, Weißwein und Ananassaft begießen.
Den Braten herausnehmen und warm halten. Schmorfond durchsieben, mit Speisestärke binden und Schlagsahne unterrühren, abschmecken. Dazu passen grüne Bohnen oder Wirsinggemüse und Petersilienkartoffeln.

Lina Sommer, 63542 Hainburg

sauer

Rhein - Main und Wetterau 33

# …inrücken auf …Art

…grün (150 g),
…l,
… Wacholderbeeren,
3 Pfefferkörner,
1 Lorbeerblatt,
dazu noch:
Salz, schwarzer Pfeffer,
5 EL (50 g) Sonnenblumenöl,
¼ l heiße Fleischbrühe,
¼ l Malzbier.

Für die Soße:
…0 g Margarine,
30 g Mehl,
1 EL (20 g) Johannisbeergelee,
Saft einer halben Zitrone, Salz,
weißer Pfeffer.

## Zubereitung:

Den Wildschweinrücken wäscht man kurz, trocknet ihn und entfernt Haut und Sehnen. Für die Beize wird die Buttermilch mit dem Cognac in einer Schüssel gemischt. Geputztes Suppengrün und die Zwiebeln werden klein geschnitten und die Wacholderbeeren zerdrückt. Zusammen mit den Pfefferkörnern und dem Lorbeerblatt kommt alles in die Beize. Das Fleisch wird hineingelegt, zugedeckt und zwei Tage an einem kühlen Ort gebeizt. Dann wird das Fleisch aus der Beize genommen, abgetrocknet und mit Salz und Pfeffer eingerieben. Das Öl wird in einem Topf erhitzt und das Fleisch darin rundherum 10 Minuten angebraten. Dabei wird es mit der Fleischbrühe und dem Malzbier abwechselnd begossen. Folgend lässt man das Fleisch eine Stunde lang zugedeckt schmoren. Man nimmt es danach heraus und lässt es auf einer gut vorgewärmten Platte zugedeckt warm stehen. Für die Soße wird die Margarine in einem Topf erhitzt. Mehl hineinstreuen und in3 Minuten dunkelbraun rösten und anschließend mit durchgesiebtem Bratfond und 4 EL durchgesiebter Beize ablöschen, dann 3 Minuten kochen lassen. Mit Johannisbeergelee, Zitronensaft, Salz und Pfeffer wird die Soße abgeschmeckt. Das Fleisch wird in Scheiben geschnitten und die Soße dazu separat gereicht. Als Vorbereitungszeit (ohne Beizzeit) muss man 15-20 Minuten einplanen. Die Zubereitung dauert etwa 1 ½ Stunden. Zum Wildschweinrücken masurischer Art gehören Sauerkraut mit Weintrauben und Kartoffelbrei, eventuell auch Kartoffelkroketten. Ein voller „Roter“ aus Assmannshausen rundet solch ein Gericht immer sehr harmonisch ab. Zum Dessert Zimteis.

*Brigitta Liebert, 61231 Bad Nauheim*

# Rehragout

## Zutaten:

600 g Rehfleisch (ohne Bein),
2 Zwiebeln,
60 g Fett,
1 Glas Pilze (ca. 125 g),
1 EL Tomatenmark,
½ l Brühe,
Salz, Pfeffer,
Paprika,
etwas Rotwein,
¼ l Sauerrahm,
etwas Mehl.

## Zubereitung:

Fleisch vorbereiten, würfeln und würzen, mit den kleingeschnittenen Zwiebeln in dem heißen Fett bräunen, geschnittene Pilze und Tomatenmark zugeben, mit Mehl bestäuben, Brühe auffüllen, Gewürze zugeben und bei schwacher Hitze garen. Das Ragout mit Rotwein abschmecken. Etwas Sauerrahm obenauf geben. Dazu werden Knödel oder Spätzle gereicht und Salat. Tipp: Dieses Rezept schmeckt auch sehr gut mit Wildschwein- und Hirschfleisch!

*Hans-Ulrich Potthoff, 60487 Frankfurt*

# Geschmorte Rehkeule nach Art des Hauses

## Zutaten:

**1 Rehkeule mit Knochen, ca. 2,7 kg,
100 g gewürfelter Speck,
2 EL Schmalz,
2 Äpfel (Hess. Boskop),
1 Bund Suppengrün,
8 Scheiben Dörrfleisch,
1 TL hess. Waldhonig,
0,7 l trockener Rotwein,
2 EL dunkler Balsamico-Essig,
2 Becher hess. Schmand,
1 Rosmarinzweig,
1 Lorbeerblatt,
8 Wacholderbeeren,
1 Zwiebel,
10 weiße Pfefferkörner,
1 Nelke,
3 Pimentkörner,
Pfeffer,
Salz.**

## Marinade:

Die gesäuberte Rehkeule 2 Tage in folgender Marinade einlegen und gelegentlich wenden:
In einen Topf den Rotwein, 1 l Wasser, das zerkleinerte Suppengemüse, den Essig, den Rosmarinzweig, eine halbierte Zwiebel, das Lorbeerblatt, die Wacholderbeeren, die Pfefferkörner, die Nelke und die Pimentkörner geben, 1 Minute aufkochen und warm über die Rehkeule geben, anschließend kühl stellen.

## Zubereitung:

Die Rehkeule abtupfen, salzen und pfeffern und im Bräter in Schmalz und gewürfeltem Speck rundum anbraten, das Suppengemüse aus der Marinade dazugeben und kurz mit anbraten. Die anschließend durchgesiebte Marinade um die Hälfte reduzieren, dabei abschäumen und dann in den Bräter geben.
Zugedeckt im 180°C heißen Ofen 2 Stunden schmoren, einmal wenden. Anschließend die Rehkeule auf eine hitzebeständige Platte (Cromargan o.ä.) geben, mit dem Dörrfleisch belegen und mit den Apfelstücken umkränzen, wieder kurz in den heißen Grill-Ofen geben, bis der Speck bräunt. Derweil Schmand und Honig in den Bräter geben, umrühren, abschmecken und die Soße nach Geschmack vollenden. Dazu gibt es Klöße, Rotkraut und eine Preiselbeer-Birne.

*Dr. med. Ulrich Wachenfeld, 61239 Ober-Mörlen*

# Leberspieße vom Schwarzwild, Rehwild oder Rotwild mit Steinpilzen und Spätzle

## Zutaten:

160 g Leber vom Wild in 3 cm große Würfel schneiden,
40 g Dörrfleisch,
Steilpilze, nach Geschmack,
1 Zwiebel,
2 EL saure Sahne.

## Zubereitung:

Steinpilze gut verlesen und waschen. Zwiebel in feine Würfel schneiden und in Butter anschwitzen. Steinpilze in Scheiben schneiden, hinzufügen und schmoren lassen. Sahne und Wildfond hinzufügen. Gehackte Petersilie dazu geben und mit Salz, Pfeffer, Zitronensaft abschmecken und warm stellen. Die Leberwürfel mit Dörrfleisch umwickeln und auf Spieße stecken; anschließend in Butter langsam anbraten. Nach dem Braten mit Salz und Pfeffer würzen. Als Beilage empfehle ich Spätzle, fertig oder selbstgemacht, in Butter anschwenken, über die heißen Spätzle geriebener Schweizer Käse streuen und servieren.

*Lothar Grzesewitz, 61147 Friedberg*

# Wirsingroulade mit Wildfüllung

## Zutaten für 10 Personen:

1,5 kg Hirschrückenfilet oder anderes Wild,
500 g Hirschkeule oder anderes Wild,
ohne Sehnen und Knochen,
2 Karotten,
2 Eiweiß,
1 Kopf Wirsing,
100 g Champignons,
1 Zwiebel,
Petersilie,
100 ml Jus,
500 ml Sahne.

## Zubereitung:

10 Wirsingblätter blanchieren (abkochen) und Strunk entfernen. Keulenfleisch klein schneiden und in Moulinette kuttern. Sahne unterziehen und mit Salz und Pfeffer abschmecken. Hirschrückenfilet würzen und von beiden Seiten anbraten. Abkühlen lassen. Wirsingblätter trocken tupfen und auf ein gebuttertes Stück Alufolie legen. Mit Farce bestreichen und in die Wirsingblätter wickeln. Hirschrücken auf Alufolie legen und alles zusammen fest einrollen. Bei 180°C 15 Minuten garen. Anrichten: Die Rouladen in Scheiben schneiden und auf garniertem Wirsing-Champignongemüse anrichten. Mit etwas Jus überziehen.

*Lothar, Grzesewitz, 61147 Friedberg*

# Zwetschgen-Terrine auf Zimt Sabayone

## Zutaten für 10 Personen:

400 g Zwetschgen entsteinen,
300 ml Rotwein,
200 g Traubensaft,
500 ml Johannisbeersaft,
300 g Zucker,
1 Vanilleschote,
16 Blatt Gelatine,
Pistazien.

## Zubereitung:

Den Zucker in einen Topf karamellisieren lassen. Mit dem Rotwein und den Säften ablöschen, die aufgeschnittene Vanilleschote zugeben und 5 Minuten bei schwacher Hitze weiterkochen lassen.
Den Topf vom Herd nehmen und die eingeweichte Gelatine hinzufügen. Alles abkühlen lassen und die Vanilleschote entfernen. Eine Form mit Zwetschgen auslegen und mit dem kalten Fond auffüllen.
Garnitur: Gemahlene Pistazien.
Tipp: Die Form zuerst mit einem Marzipanmantel auslegen.
Anrichten: Sobald Terrine erstarrt ist in Scheiben schneiden und mit einer Sabayone oder einer Kugel Eis servieren.

*Lothar Grzesewitz, 61147 Friedberg*

# Gedünstete Äpfel mit Walnüssen in Honig und Hagebuttensoße

## Zutaten:

1 Apfel pro Person, z. B. Boskop,
Walnüsse grobgehackt in guten Imkerhonig eingelegt,
500 g Hagebutten,
100 g Zucker,
¼ - ½ l Wasser,
etwas Zitrone.

## Zubereitung:

Apfel dünn schälen und Kerngehäuse ausstechen. Etwas Butter im Topf zerlassen, Äpfel einsetzen, etwas Wasser angießen und langsam weich dünsten. Äpfel auf Portionsteller setzen, mit Honigwalnüssen füllen und mit Hagebuttensoße umspiegeln.

## Hagenbuttensoße:

Die Hagebutten säubern, halbieren, Kerne und Fasern entfernen. Gut waschen, mit Zucker und Wasser zugedeckt weich kochen. Durch ein Sieb streichen und evtl. mit etwas Zitrone abschmecken.

*Elisabeth Schultheiß, 64546 Mörfelden-Walldorf*

# Preiselbeerschmarrn

## Zutaten:

125 g Mehl,
1 Ei,
1 Eigelb,
1 Prise Salz,
175 ml Milch,
1 EL flüssige Butter,
1 EL Butterschmalz,
150 g eingemachte Preiselbeeren.

## Zubereitung:

Mehl, Ei, Eigelb, Salz und Milch zu einem glatten und flüssigen Teig verquirlen. Flüssige Butter unterrühren und den Teig 20 Minuten zum Quellen stehen lassen. Backofen auf 180°C vorheizen. Eine große Pfanne mit Butterschmalz erhitzen und den Teig ca. ½ cm dick einlaufen lassen. Bei mittlerer Hitze- bis Boden des Teiges fest geworden ist – die Preiselbeeren darauf verteilen. Die Pfanne in den vorgeheizten Backofen schieben, bis der Teig fest ist. Den Eierkuchen wenden, wieder auf den Herd stellen und mit zwei Gabeln in Stücke zerreisen.
Anrichten: Mit Puderzucker bestreuen.

*Lothar Grzesewitz, 61147 Friedberg*

# Spessart

Mit dem Planwagen unterwegs wie zu Zeiten der berühmt-berüchtigten Räuber im Spessart: Ob Urlaub, Kurzvisite, Sonntagsausflug oder Fitness-Programm - die Urlaubsregion Spessart-Kinzigtal wird all' diesen Ansprüchen gerecht. Unweit des Rhein-Main-Ballungsgebietes und verkehrsgünstig zu erreichen, liegt die idyllische Mittelgebirgslandschaft von Spessart und Kinzigtal mit malerischen Fachwerkstädten, märchenhaften Schlössern und Burgen sowie anspruchsvollen Sport-, Gesundheits- und Kurprogrammen. Zu den historischen Schätzen der Region zählen das Benediktinerkloster in Schlüchtern, die 800 Jahre alte Marienkirche und die aus dem 12. Jahrhundert stammende Kaiserpfalz Friedrich Barbarossas im historischen Kleinstädtchen Gelnhausen sowie das direkt am Main gelegene Schloss Philippsruhe in Hanau.

**Weitere Infos:**
*Touristik Service Spessart-Kinzigtal-Vogelsberg, Zum Wartturm 11-13, 63571 Gelnhausen,*
*Info-Telefon zum Nulltarif: 08 00 / 7 73 77 27 8, Fax: 0 60 51 / 48 07 20,*
*E-Mail: tourismus@wfmkk.de, Internet: www.spessart-tourismus.de*

# Sherry-Jägersuppe

## Zutaten:

100 g durchwachsenen Speck,
300 g Wildreste in Streifen geschnitten,
2 EL Margarine,
2 Zwiebeln,
250 g frische Pfifferlinge oder 1 Dose Pfifferlinge,
2 EL Mehl,
1 l Fleischbrühe,
Salz,
Prise Cayennepfeffer,
1/8 l saure Sahne,
5 cl Sherry,
1 Bund Schnittlauch.

## Zubereitung:

Speck klein würfeln. In einem Topf goldbraun braten. Margarine und die geschälten und gewürfelten Zwiebeln zugeben. Durchbraten. Pfifferlinge in den Topf geben mit Mehl bestäuben und bräunen. Unter Rühren die Brühe und evtl. etwas Pilzbrühe angießen. Die Wildreste dazu geben, ca. 5 Minuten kochen. Mit Salz und Pfeffer würzen.
Saure Sahne und Sherry einrühren, nicht mehr kochen. Abschmekken, mit Schnittlauchröllchen betreut servieren.
Dazu passt Brot und Butter.

*Benno Fischer, Gelnhausen*

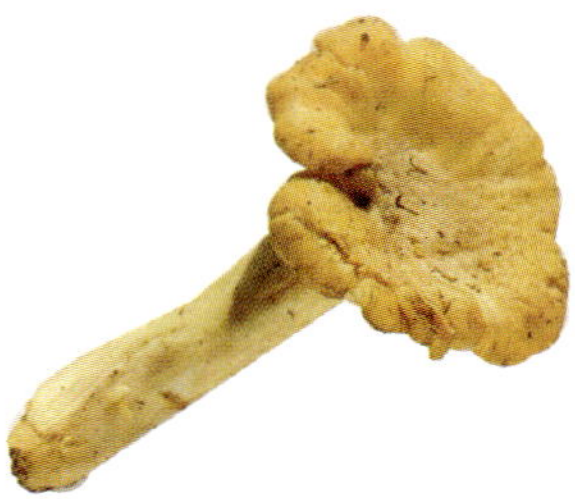

# Wildschweingeschnetzeltes im Fladenbrot mit Bärlauchsauce

## Zutaten:

600 g Wildbret aus der Schulter (Blatt),
ein großes Fladenbrot.
Für die Sauce:
1 Becher Schmand (24 %),
1 Becher Sahnejoghurt (10 %),
1 Vespergurke,
1 Handvoll Bärlauchblätter.
Für die Füllung des Brotes und als Garnitur:
1 kleiner Kopf Eisbergsalat (oder Chinakohl),
1 große Gemüsezwiebel.
Würzmittel:
Salz,
Pfeffer,
Cayennepfeffer,
Öl zum Braten.

## Zubereitung

Schmand und Joghurt in einer Schüssel cremig rühren mit Salz, Pfeffer und Cayennepfeffer abschmecken.
Den Bärlauch waschen, ganz fein schneiden und in die Sauce geben. Die Vespergurke schälen und fein hobeln und ebenfalls unter die Sauce geben. Eisbergsalt in feine Streifen schneiden, die Zwiebel schälen halbieren und in feine Scheiben schneiden. Jetzt das vom Knochen gelöste und von Sehnen befreite Wildbret in dem Öl in einer Pfanne kross anbraten, pfeffern und durchbraten, dann mit etwas Salz und Pfeffer würzen und warm stellen. Das Fladenbrot vierteln und die Viertel jeweils in der Mitte einschneiden.
Den entstandenen Hohlraum jetzt schichtweise mit Salat, gebratenem Wildbret, Zwiebeln und Bärlauchsauce füllen.

**Anrichten:** Mit Salat, Zwiebeln und etwas Bärlauchsauce auf je einem Teller anrichten. Für dieses Rezept eignet sich jedes Wildbret, das sorgfältig von Sehnen und Häuten befreit worden ist. Natürlich können statt Bärlauch ersatzweise 3 Zehen Knoblauch für die Sauce verwendet werden.

*Manfred Flikschuh, 61130 Nidderau*

# Sauerbraten vom Rothirsch

## Zutaten:

2 Hirschhüften ca. 1 kg,
1 Knolle Fenchel,
2 Karotten,
1 Stange Lauch,
¼ Knolle Sellerie,
3 Zwiebeln,
Senfkörner,
Wacholderbeeren,
Lorbeerblätter,
Fenchelsaat,
Essig,
Rotwein,
Salz,
Pfefferkörner,
Rosinen,
Tomatenmark.

## Zubereitung:

Wasser mit Essig (je nach Geschmack stark) und Rotwein kochen die gewaschenen und in walnussgroße Stücke geschnittene Gemüse, Gewürze hinzugeben. Den Sud abkühlen lassen und das Fleisch in die noch warme Beize geben. Das Ganze kühl stellen und etwa 5 bis 7 Tage ziehen lassen. Das Fleisch trocken tupfen würzen und anbraten. Wenn das Fleisch angebraten ist, das Röstgemüse hinzu geben und bräunen lassen. Tomatenmark hinzu und mit der Beiz auffüllen. Wenn das Fleisch gar ist, die Soße passieren, abschmecken, andicken und die Rosinen hinzu geben. Dazu passen Semmelknödel.

*Volker Kreis, 63637 Jossgrund*

# Wildtopf

## Zutaten:

Von allen Wildarten die beim Zerwirken und Portionieren anfallenden Reste, auch bessere Teile dürfen dabei sein, Kochwildbret und einige Knochen.
Zitronensaft,
1-2 Zwiebeln,
½ Flasche Barbecuesoße,
Tomatenmark,
½ Fl. Ketchup,
2 Paprikaschoten,
Salz,
Pfeffer,
Rosenpaprika (extra scharf), alternativ eine kleine Kirschpaprika,
1 Gemüsepaprika,
1 TL Senfpulver,
½ TL Chili,
3 TL Worchestersoße.
Die Menge der Gewürze bezieht sich auf ca. 1 kg Fleisch.

## Zubereitung:

Das grob zerkleinerte Fleisch mit Lorbeerblatt, Thymian und Rosmarin (auch eigene Kräutermischungen sind möglich) kochen. Garzeit etwa 40 Minuten. Zwiebeln anrösten, Tomatenmark dazugeben ebenso die Paprikastreifen. Alles kurz durchdünsten, mit dem Fleisch und der Brühe auffüllen und würzen. Als Beilage Baguette oder ein kräftiges Bauernbrot.

*Heinrich Denich, 63517 Rodenbach*

# Hirschtafelspitz mit Bouillonkartoffeln

## Zutaten:

1 Hirschunterschale,
3 Brühwürfel,
Salz, Pfeffer,
Lorbeerblätter, Wacholderbeeren, Suppengemüse,
1 ungeschälte Zwiebel,
2 Zehen Knoblauch.
Für die Kartoffeln:
5 große Kartoffeln,
1 Karotte,
1 Lauch,
¼ Sellerie.

## Zubereitung:

Wasser mit Salz und Brühwürfel zum Kochen bringen, die Unterschale in das kochende Wasser geben, 1,5 Stunden kochen lassen. Danach das Suppengemüse und Gewürz hinzu geben. Wenn das Fleisch weich ist aus der Suppe nehmen, die Suppe passieren. Die Kartoffeln waschen, schälen und in Würfel schneiden. Danach die Kartoffeln in der Suppe gar kochen. Zum Ende der Garzeit noch die gewaschenen und in kleine Würfel geschnittene Wurzelgemüse hinzugeben. Dazu reicht man eine Preiselbeermeerrettichsoße.

*Volker Kreis, 63637 Jossgrund*

# Hirschroulade

## Zutaten:

ca. 1 kg Hirsch Oberschale,
mittelscharfer Senf,
5 große Zwiebeln,
Speck in Scheiben,
1 große Gewürzgurke,
Rotwein,
Tomatenmark,
Lorbeerblätter,
Salz,
Pfeffer,
Schweineschmalz,
Brühe (Gemüse, Rind, Wild).

## Zubereitung:

Hirschoberschale in ca. 250 g schwere Scheiben schneiden und plattieren. Das Fleisch würzen und mit Senf bestreichen, den Speck auflegen und angebratene Zwiebelringe mit einer in der Länge geviertelten Gewürzgurke zu einer Roulade wickeln, mit einer Nadel oder Zahnstocher fixieren. Die Roulade im Schweineschmalz anbraten und die restlichen Zwiebeln hinzugeben. Ca. 5 EL Tomatenmark kurz zwischen den Zwiebeln anbraten und mit Rotwein ablöschen. Das Ganze mit Brühe auffüllen, die Lorbeerblätter nach Geschmack hinzufügen und etwa 1,5 Stunden köcheln lassen. Die Roulade herausnehmen, die Soße abschmecken und evtl. andicken. Als Beilage servieren wir Schupfnudeln oder Speckknödel mit Ebereschenkompott.
Tipp: Plattieren: Das Fleisch in einen Gefrierbeutel legen und mit einem Stieltöpfchen platt schlagen.

*Jörg Mörschel. 63579 Freigericht-Horbach*

# Wirsingkohl als Beilage

## Zutaten:

Ca. 1 kg Wirsingkohl,
60 g durchwachsenen Speck,
etwas Margarine,
1 Zwiebel,
20 g Mehl,
etwas Wasser oder Brühe (Instant),
Salz,
1 gestrichener TL Kümmel.

## Zubereitung:

Den Kohlstrunk auslösen, die frischen Kohlblätter waschen und kurz überbrühen. Im heißen Fett den klein geschnittenen Speck und die gehackte Zwiebel anbraten. Die zerkleinerten Kohlblätter kurz mitdünsten, mit Mehl bestäuben und dann Wasser oder Brühe angießen. Salz und Kümmel hinzufügen und bei kleiner Hitze ca. 30-50 Minuten weich schmoren, nochmals abschmecken.
Passt gut zu Wildbratwürstchen.

*Benno Fischer, Gelnhausen*

# Himbeeressigsoße

## Zutaten:

3 EL Himbeerkonfitüre,
5 EL Tomatensaft,
2 EL Kräuteressig.

## Zubereitung:

Alle Zutaten gut miteinander verrühren.
Diese Soße schmeckt sehr gut zu kaltem Wildbraten.

*Benno Fischer, Gelnhausen*

# Aufgesetzter Schlehen-Korn oder -Weizen

Reife Schlehenfrüchte sammeln und portionsgerecht in Beutel (200 g) einfrieren.
Früher musste man den 1. Frost abwarten bis die Schlehen genießbar wurden!

## Zubereitung:

200 g Schlehen und 200 g weißen Kandiszucker in eine Flasche Doppelkorn oder Korn oder Weizen oder Doppel-Weizenkorn geben und ziehen lassen. Ab und zu die Flasche auf den Kopf stellen bis der Schlehenkorn eine hellrote Farbe und das feine Aroma der Schlehen annimmt. Je nach Geschmack kann aufgefüllt werden oder die Flasche ein zweites Mal aufgefüllt werden.

*Eckhard Küppers, 36391 Sinntal-Jossa*

# Waldbrombeer- und Holundergelee

## Zubereitung:

1 Teil (zum Beispiel 1 l) Waldbrombeeren und 1-2 Teile (zum Beispiel 1-2 l) reife, abgestreifte Holunderbeeren entsaften oder auspressen. 1 kg Gelierzucker zugeben und 4 Minuten zum Kochen bringen. Heiß ausgespülte Gläser mit der heißen Masse randvoll füllen und sofort mit Schraubdeckel fest verschließen und für kurze Zeit umstülpen. Ein buntes Etikett verschönt den „süßen Gruß aus Hessens Wäldern!“

*Karin Küppers, 36391 Sinntal-Jossa*

# Rhön

Das Rote Moor (Foto) birgt in der Hessischen Rhön eine Vielfalt seltener Tier- und Pflanzenarten. Besucher dürfen dieses Hochmoor - schon aus Gründen der eigenen Sicherheit - nur auf einem festen Rundweg aus Holzplanken durchwandern. In der Rhön, dem Land der offenen Fernen, können Blicke schweifen und Seelen baumeln. Doch ist die Rhön, wie sie sich uns heute darstellt, keine Naturlandschaft, sondern Ergebnis bäuerlicher Landnutzung: Einst wuchsen hier dichte Buchenwälder, die im Laufe der Jahrhunderte durch Rodung und Beweidung verschwanden. Von den nahezu waldlosen Hochebenen schweift der Blick weit über Kuppen und Täler, Wiesen und Matten, bizarre Hochmoore und markante Basaltblöcke, malerische Städtchen und einsame Dörfer. Die Wasserkuppe, mit 950 Metern die höchste Erhebung der Rhön, gilt als Geburtsstätte des Segelflugs. Allerdings sollten alle Freizeitsportler und Rhönbesucher auf einen seltenen Bewohner dieses Mittelgebirges gebührend Rücksicht nehmen: auf das vom Aussterben bedrohte Birkhuhn, das hier seine letzte Heimstatt gefunden hat.

**Weitere Infos:**

*Rhön-Info-Zentrum, Wasserkuppe 1, 36129 Gersfeld,*
*Telefon: 0 66 54 / 91 83 40,*
*Telefax: 0 66 54 / 91 83 42 0,*
*E-Mail: rhoen-info-zentrum@rhoen.de,*
*Internet: www.rhoen.de*

# Reissuppe mit Wildleber

## Zutaten:

100 g durchwachsener Speck,
3 Zwiebeln,
1 Knoblauchzehe,
4 Tomaten,
40 g Langkornreis,
500 g Weißkohl,
1 l Fleischbrühe,
Salz, Pfeffer,
Cayennepfeffer,
Thymian getrocknet,
150 g Wildleber,
1 EL Margarine,
2 EL gehackte Petersilie.

## Zubereitung:

Speck würfeln, anbraten bis er glasig ist. Zwiebeln und Knoblauchzehe schälen und hacken. Tomaten überbrühen, häuten und in Stükke schneiden. Reis, Zwiebeln, Knoblauch und die Hälfte der Tomaten zum Speck in den Topf geben. Durchschmoren, Kohl putzen, fein hobeln und zugeben, durchrühren.
Heiße Fleischbrühe angießen. Mit Salz, Pfeffer, wenig Cayennepfeffer und Thymian würzen. Im geschlossenen Topf 30 Minuten kochen lassen. Die gewaschene und abgetrocknete Wildleber in dünne Streifen schneiden und in der Margarine 5 Minuten braten.
Leber und restliche Tomaten in die Suppe geben, erhitzen, aber nicht mehr kochen. Mit Petersilie bestreut servieren.
Dazu Baguette reichen.

*Heidi Schwarz, 36100 Petersberg*

# Torteletts mit Pfifferlingen

## Zutaten:

Für die Torteletts:
250 g Mehl,
150 g kalte Butter oder Margarine,
1 Eigelb,
Salz,
3 EL kalte Sahne.

Für die Füllung:
200 g Pfifferlinge,
Salz,
2 EL Butter oder Margarine,
1 Becher Schlagsahne,
1 TL Zitronensaft,
1 EL Sherry medium,
Pfeffer,
Mehl zum Ausrollen,
Petersilie zum Garnieren.

## Zubereitung:

Mehl und Fett grob hacken. Mit Eigelb, Salz und Sahne zu einem Teig kneten. Zugedeckt 45 Minuten kühl stellen.
Pfifferlinge klein schneiden, mit Salz im eigenen Saft schmoren, bis der Saft eingekocht ist, Fett zugeben und die Pilze braten.
Ab und zu Sahne angießen, die zwischendurch einkochen muss.
Mit Zitrone, Sherry und Pfeffer abschmecken.
Teig auf Mehl knapp ½ cm dick ausrollen. Tortelettförmchen mit Wasser abspülen und dann Teig um die Außenseite formen. Auf ein mit Wasser abgespültes Backblech stürzen.
Im vorgeheizten Ofen bei 250°C 10 Minuten backen.
Die heißen Torteletts mit den Pilzen füllen und mit Petersilie garnieren.

*Heidi Schwarz, 36100 Petersberg*

# Wildsüppchen mit Fleischklösschen

## (für 8 Personen)

### Zutaten für die Wildsuppe:

3 kg zerkleinerte Wildknochen und Wildabschnitte,
falls vorhanden einige Speckreste,
3 große Karotten,
1 Stängel Lauch,
1 Knolle Sellerie,
7 Wacholderbeeren,
2 Lorbeerblätter,
8 Pfefferkörner,
1 Knoblauchzehe,
Salz für die Suppe.

### Zubereitung:

Die Knochen und die Abschnitte leicht anbraten und mit kaltem Wasser aufgießen (ca. 3 l) und langsam aufkochen lassen. Die Schwebstoffe mit einem Schaumlöffel immer wieder entfernen. Salz der Brühe dazugeben und 2 Stunden ziehen lassen.
Karotten, Lauch, Sellerie und die Gewürze dazugeben und noch eine Stunde ziehen lassen.
Brühe durch ein Handtuch passieren und mit Salz und Pfeffer und einer Messerspitze Muskatnuss und etwas Sherry abschmecken.

### Zutaten für die Fleischklösschen:

200 g Wildfleisch (aus den Rippen),
75 g durchwachsener Speck,
1 mittelgroße Zwiebel,
1 Ei,
1 Eigelb,
2 EL gehackte Petersilie,
1 EL Wildgewürz,
Salz,
Pfeffer aus der Mühle,
Muskatnuss,
Majoran,
Knoblauch,
2 altbackene Brötchen,
3 EL gehackte Waldpilze.

### Zubereitung:

Wildfleisch, Speck und Zwiebeln durch die feine Scheibe des Fleischwolfes drehen.
Brötchen in Wasser einweichen, ausdrücken und der Masse zufügen.
Eier und das Eigelb, Gewürze und die Waldpilze nach Geschmack der Masse zukneten und kneten, bis eine gebundene Masse entsteht.
Mit einem Esslöffel Klösschen formen und in kochendes Salzwasser mit einer gespickten Zwiebel (Lorbeerblatt und Nelken) geben und 10 Minuten garziehen lassen.
Den gekochten Sellerie und die Karotten in Würfel schneiden, mit den Klösschen in eine Terrine geben und mit der fertigen Brühe übergießen.
Mit Schnittlauch bestreuen.

*Markus Gramberg, 36148 Kalbach/Rhön*

# Warme Holundersuppe

## Zutaten:

500 g reife Holunderbeeren,
ein paar Pflaumen oder Brombeeren,
1 l Wasser,
Zucker nach Geschmack,
etwas Zimt,
25 g Stärkemehl,
1/8 l Milch oder Apfelwein,
ein Schuss Cognac oder Kirschwasser.

## Zubereitung:

Die Holunderbeeren von den Stielen streifen, waschen, zusammen mit ein paar entkernten Pflaumen und einer Handvoll Brombeeren in Wasser weich kochen und durchsieben. Nach Geschmack Zucker und Zimt hinzufügen.
Das in kalter Milch oder Apfelwein angerührte Stärkemehl durch ein Sieb beifügen und alles nochmals aufkochen lassen. Zum Schluss einen Schuss Cognac oder Kirschwasser dazugeben.

*Irene Dienst, 36088 Hünfeld*

# Wildschweinsülze

## Zubereitung:

Wildschweinkopf, Haxe und Schweinefüßchen mit Suppengrün abkochen (falls keine Schweinefüßchen vorhanden sind, kann man gemahlene Gelatine verwenden). Brühe durchsieben.
Brühe erneut mit Lorbeerblatt, gemahlenem Pfeffer und ganzen Wacholderkörnern abkochen, mit etwas Essig kräftig würzen.

Fleisch, Silberzwiebeln, Gewürzgurken, Tomatenpaprika mischen, in Schüssel geben, mit Brühe auffüllen und im Kühlschrank mehrere Stunden gelieren lassen.

*Marga Sippel, Fulda*

# Wild-Leberwurst

## Zutaten:

1400 g Wildleber,
330 g Wildherz,
1700 g Bauchfleisch (Hausschwein),
200 g dicken Speck (Hausschwein),
(alles frisch, ungesalzen).

Gewürze:
32 g Salz,
22 g Pfeffer,
17 g Muskat,
7 TL Kräuter der Provence,
7 TL Majoran,
5 normal große Zwiebeln oder 3 Gemüsezwiebeln.

## Zubereitung:

Leber, Herz und Bauchfleisch (40 Minuten), Speck (15 Minuten) in kochendes Wasser geben, abkochen. Aus dem Sud nehmen, abkühlen lassen und in Stücke schneiden. Brühe warm halten.
Bauchfleisch, Speck, Leber, Herz und Zwiebeln durch den Fleischwolf drehen. Wurstmasse mit durchs Haarsieb gegossenem Kochsud anreichern, damit sie breiig wird. Gewürze hinzugeben und gut durchmischen. Nach 30 Minuten Ruhezeit erneut durchmischen und evtl. nachwürzen. Leberwurstmasse in kleine Einkochgläser füllen, diese immer wieder aufstoßen, um Lufteinschlüsse zu vermeiden, dann 2 Stunden bei 95°C im Einkochapparat kochen oder in einen Topf oder Bräter ein Tuch legen, die Gläser darauf stellen, mit Wasser bedecken. Zugedeckt im Backofen bei 225°C drei Stunden durcherhitzen.

*Irene Dienst, Hünfeld*

# Wildschweinhaxe

## Zutaten:

Wildschweinhaxe – ca. 1 kg,
Salz, Pfeffer,
1 Bund Suppengrün,
1 Zwiebel,
6 EL Mehl,
1 Eiweiß,
4 EL Semmelbrösel,
Öl.

## Zubereitung:

Wildschweinhaxe waschen und abtrocknen. Einen Topf mit 1 ½ l Wasser zum Kochen bringen, salzen und die Haxe hinein geben. Langsam kochen lassen. Das geputzte Suppengrün und die geschälte und gewürfelte Zwiebel dazu geben und 70 Minuten im geschlossenen Topf kochen. Wildschweinhaxe aus dem Topf nehmen. Gut abtropfen lassen. Mit Pfeffer würzen.
In Mehl, in verquirltem Eiweiß und in Semmelbrösel wenden. Panade andrücken. Öl im Bräter erhitzen, Wildschweinhaxe darin 15 Minuten rundherum knusprig braun braten. Dazu reicht man Kartoffelsalat oder Brot.

*Irene Dienst, 36088 Hünfeld*

# Marinierter Hirschrücken

## Zutaten (6 Personen):

2000 g Hirschrücken,
100 g durchwachsener Speck,
Salz,
schwarzer Pfeffer,
4 zerdrückte Wacholderbeeren,
4 EL Öl,
3 Zwiebeln,
¼ l saure Sahne,
1 Scheibe geriebenes Schwarzbrot,
2 EL Johannisbeergelee.

**Marinade:**
2 Zwiebeln,
2 Möhren,
1 Petersilienwurzel,
1 Stück Sellerieknolle,
gut ½ l Rotwein
2 EL Weinessig,
1 Lorbeerblatt,
½ TL Pfefferkörner,
6 Wacholderbeeren,
3 EL Öl,
schwarzer Pfeffer,
Schale einer Zitrone.

## Zubereitung:

Gemüse putzen, klein schneiden. Mit den Marinadezutaten 15 Minuten kochen.
Hirschrücken häuten, abwaschen, in der abgekühlten Marinade 2 Tage ziehen lassen, häufig wenden. Fleisch abtrocknen, mit Salz, Pfeffer und Wacholderbeeren kräftig einreiben. Öl im Bräter erhitzen, durchwachsenen Speck klein schneiden und mit dem Fleisch darin anbraten, mit den geviertelten Zwiebeln weiter braten, nach und nach Sahne angießen.
Fleisch im vorgeheizten Ofen – untere Schiene bei 225°C – 100 Minuten schmoren, nach und nach die durchgesiebte Marinade angießen. Bratfond mit Schwarzbrot binden. Durchsieben und dann mit Johannisbeergelee, Pfeffer und Salz abschmecken.

*Irene Dienst, 36088 Hünfeld*

# Hirschrücken nach altem Rezept

## Zutaten:

1 Hirschrücken von einem Spießer – ca. 2500 g,
Salz,
weißer Pfeffer,
3 EL Margarine,
1 Zwiebel,
1 Möhre,
3/8 l heiße Fleischsuppe (Instant).

Für die Soße:
3/8 l Bratfond oder Fleischsuppe,
3 EL Mehl,
gut 1/8 l saure Sahne,
2 EL Ebereschengelee oder Preiselbeergelee,
Salz, weißer Pfeffer.

## Zubereitung:

Fleisch gut waschen und abtupfen, dann mit Salz und Pfeffer kräftig einreiben.
Margarine erhitzen, Fleisch damit einpinseln. Auf dem Grillgitter in den vorgeheizten Ofen – 175°C, mittlere Schiene – schieben. Geschälte Zwiebel und geschälte, zerschnittene Möhre daneben. Fettpfanne unterschieben. 90 Minuten garen.
Zwischendurch mit dem Bratfond bestreichen. Braten auf einer vorgewärmten Platte anrichten. Fond mit Fleischsuppe loskochen und durchsieben. Aufkochen. Mehl und Sahne verrühren. Fond damit binden. Mit Gelee und Gewürzen abschmecken.
Mit scharfem Messer zuerst die Filets lösen, dann in 2 cm breite Scheiben schneiden. Wieder anlegen. Soße extra reichen. Dazu passen Rotkohl, Birnenhälften mit Preiselbeeren, Kartoffelkroketten.

*Irene Dienst, 36088 Hünfeld*

# Gefüllte Taube aus der Rhön

## Zutaten:

4 Wildtauben mit Herzen und Leber,
100 g dünn geschnittener Speck,
1 Brötchen,
1 Zwiebel,
2 Eier,
6 EL Sahne,
40 g Butter,
1/8 l Weißwein,
Petersilie,
Muskat.

## Zubereitung:

Das Brötchen einweichen und ausdrücken. Die Zwiebel, die Petersilie, Herzen und Leber fein hacken, mit dem Brötchen, den Eiern und 2 EL Sahne gut vermischen und mit Salz, Pfeffer und Muskat kräftig abschmecken. Die bratfertigen Tauben waschen, trocknen und von innen und außen salzen und pfeffern, die Masse in die Tauben füllen und den Hals und die untere Öffnung verschließen. Dann die Tauben in die Speckscheiben einwickeln und in einen eingefetteten Bräter legen und im mit 175°C vorgeheizten Backofen braten. Die Tauben mehrfach mit dem Bratenfett und dem Weißwein begießen und nach ca. 45 Minuten herausnehmen. (Manche Tauben benötigen eine längere Bratzeit, denn wenn sie älter sind, sind sie auch zäher!) Den Speck von den Tauben entfernen und den Bratenfond mit der restlichen Sahne kochen, abschmecken. Die Tauben der Länge nach halbieren und anrichten. Dazu Kartoffelkroketten oder auch Klöße mit Rotkraut servieren.

*Irene Dienst, 36088 Hünfeld*

# Eingelegte Wildschweinsteaks (italienisch)

## Zutaten:

6-8 Wildschweinsteaks aus Rücken oder Keule.

**Für die Marinade:**
2 Teile Olivenöl,
1 Teil Rotwein (oder Cognac),
1 Tube Tomatenmark,
Pfeffer (gemahlen und ganz),
Senf,
Honig (oder Zucker),
Salbei, Rosmarin, Thymian, Majoran, Oregano, Basilikum etc. (alle möglichen italienischen Kräuter),
Knoblauchzehen (in Scheiben schneiden),
kein Salz.
Alles gut vermischen, ergibt eine dickflüssige Creme. Steaks darin einlegen und mindestens einen Tag stehen lassen.

## Zubereitung:

Backblech mit Alufolie auslegen, Steaks mit einigen Löffeln Marinade drauflegen.
200°C im Backofen 25 Minuten braten.

Steaks erst kurz vor dem Servieren salzen, Kräuterbutter dazustellen.
Beilagen: Rösti und Salat.

*Ulrich Dölle, 36100 Petersberg*

# Feurige Wildschweinrippchen aus dem Hessischen Kegelspiel

## Zutaten:

Ca. 3 kg Wildschweinrippchen,
Salz, Pfeffer aus der Mühle,
2 EL geschrotete Pfefferkörner,
2 EL geriebene Zitronenschale,
2 EL Majoran,
4 Knoblauchzehen,
1 Tasse Olivenöl,
1 Tasse Puszta-Sauce (Fertigprodukt),
2 Zwiebeln,
½ Tasse Honig,
Essig,
Tabasco,
4 EL geriebener Meerrettich,
1 Tasse gehackte Kräuter, z.B. Rosmarin, Thymian.

## Zubereitung:

Rippchen waschen und trocken tupfen. Mit Salz und Pfeffer kräftig würzen. Pfefferkörner, Zitronenschale, Majoran und geschälte, fein gehackte Knoblauchzehen in das Öl einrühren und Rippchen damit bestreichen. Im Kühlschrank zugedeckt 2-3 Stunden ziehen lassen. Rippchen im heißen Ofen (E 220°C / U 200°C / G Stufe 5) 20-30 Minuten garen. Inzwischen Puszta-Sauce mit den geschälten und fein gehackten Zwiebeln und Honig glatt rühren. Mit Essig, Meerrettich, Salz und Pfeffer würzen. Mit Tabasco abschmecken.

Gehackte Kräuter untermischen und Sauce nach Ende der Garzeit gleichmäßig über die Wildschweinrippchen verteilen. Weitere 5-10 Minuten garen. Herausnehmen und Rippchen in Stücke geschnitten servieren. Dazu reicht man verschiedene Salate und rustikales Bauernbrot.

*Rita Baier, 36169 Rasdorf*

# Muffellammgulasch

## Zutaten:

1 kg Lammschulter gewürfelt,
50 g Dörrfleisch gewürfelt,
1 EL Pflanzenöl,
20 g Butter,
250 g Zwiebeln (gewürfelt),
1 EL Tomatenmark,
8-10 Wacholderbeeren (zerdrückt),
Piment und Rosmarin,
Salz und Pfeffer,
750 ml Rotwein,
500 ml Lammfond oder Fleischbrühe,
150 g brauner Lebkuchen (ohne Glasur),
100 g Preiselbeeren,
2 EL Schmand,
2 cl Weinbrand.

## Zubereitung:

Lammschulter grob würfeln. Dörrfleisch in Pflanzenöl angehen lassen und die Fleischwürfel darin scharf anbraten. Zwiebeln dazugeben und anschwitzen. Tomatenmark hinzufügen und alles gut anrösten. Mit Salz, Pfeffer, Wacholderbeeren, Piment und Rosmarin würzen. Mit der Hälfte des Rotweins ablöschen. Alles gut einkochen. Nach und nach mit dem Lammfond und dem restlichen Rotwein angießen. Die Garzeit beträgt etwa 90 Minuten bei mittlerer Hitze. Etwa 30 Minuten vor Ende der Garzeit Lebkuchen und Preiselbeeren zu dem Gulasch geben. Vor dem Servieren Schmand unterrühren. Mit Weinbrand und etwas Pfeffer abschmecken. Dazu passen Semmelknödel, Spätzle und ein knackiger Salat.

*Reinhold Günther, Ebersburg/Rhön*

# Muffellammkeule nach „Ebersburger Art“

## Zutaten:

1,2 kg Lammkeule (mit Knochen),
500 ml Schwarzbier,
2 Rosmarinzweige,
1 Thymianzweig,
12-15 Wacholderbeeren,
Pfeffer aus Mühle,
3 Knoblauchzehen,
40 g Stärkepulver.

## Zubereitung:

Lammkeule häuten und mit den frischen Rosmarin- und Thymianzweigen, den zerdrückten Wacholderbeeren, dem Pfeffer aus der Mühle und den fein gehackten Knoblauchzehen außen gut einreiben. Anschließend in eine Schüssel legen, mit Folie abdecken und etwa 2 Tage in den Kühlschrank stellen.
Keule salzen, in einen Brattopf geben, mit der Hälfte des Schwarzbieres angießen und bei 140°C im vorgeheizten Backofen etwa 2 Stunden garen. Die letzten 30 Minuten bei 180°C öfters wenden und den Rest des Schwarzbieres angießen.
Danach den Bratensaft durch ein Sieb abgießen, mit etwas Stärke abbinden und mit der Keule servieren.
Dazu schmecken Bratkartoffeln, Salzkartoffeln, Wirsinggemüse, Speckbohnen oder frische Blattsalate.

*Reinhold Günther, Ebersburg/Rhön*

# Hirsch Stroganoff

## Zutaten:

750 g Rotwildfleisch (ohne Knochen),
2 Zwiebeln,
12 Champignons,
50 g Schweineschmalz,
4 EL Weinbrand,
4 EL süße Sahne,
Saft einer Zitrone,
Pfeffer,
4 EL feingeschnittene Gewürzgurken,
1 TL Zucker,
2 EL Petersilie.

## Zubereitung:

Fleisch kurz waschen, abtrocknen, in Streifen schneiden, Zwiebeln in dünne Streifen schneiden.
In einer Pfanne Fett heiß werden lassen, Fleisch und Zwiebeln dazu geben.
Gelegentlich wenden, bis das Fleisch von allen Seiten braun ist.
Weinbrand, Sahne und Zitrone zugießen, weiter wenden und Hitze drosseln, mit Mehl binden und Gurken hinzugeben.
In einer Schale mit Reis anrichten, mit Petersilie und Pilzen verzieren. Dazu reicht man Burgunderwein

*Marga Sippel, Fulda*

# Wildschweinkotelett natur

## Zutaten:

4 Rippenkoteletts von einem starken Wildschwein (bei leichterem Wildschwein 8 Koteletts),
Butterschmalz,
Salz,
Pfeffer.

## Zubereitung:

Koteletts unter fließend kaltem Wasser leicht abspülen, um beim Sägen entstandene Verunreinigungen zu entfernen.
Diese dann mit Küchenpapier trocken tupfen. Danach in einer Pfanne mit heißem Butterschmalz anbraten und erst nur auf der angebratenen Seite leicht salzen und pfeffern. Als nächstes auf beiden Seiten, bei niedriger Hitze gar ziehen lassen.

Beilagen: Weißbrot, Ciabatta oder Speckkartoffelsalat, grüner Salat.

*Armin Röder, 36142 Tann/Rhön*

# Waldhimbeer-Sahnekranz

## Zutaten:

300 g Waldhimbeeren,
6 Blatt weiße Gelatine,
4 EL Cognac,
Zucker nach Geschmack,
¼ l Schlagsahne,
1 Tütchen Vanillezucker.

## Zubereitung:

Gelatine in kaltem Wasser einweichen. Himbeeren mit 2 EL Cognac in einer Schüssel mischen. Nach Geschmack zuckern.
Sahne mit Vanillezucker steif schlagen. Knapp die Hälfte der Himbeeren pürieren und unterheben.
Gelatine im Einweichwasser in einem kleinen Topf auflösen, in die Fruchtsahne rühren.
Kranz- oder Ringform mit kaltem Wasser ausspülen, Fruchtsahne einfüllen und einige Stunden zugedeckt im Kühlschrank erstarren lassen.
Sahnekranz auf eine Platte stürzen, Himbeeren mit dem restlichen Cognac mischen und evtl. nachzuckern. Den Kranz damit füllen und servieren.

# Rhöner Apfelgelee mit sauerem Apfelschnitz

## Zutaten:

½ l Apfelwein,
½ l Apfelsaft,
16 Blatt Gelatine,
4 Äpfel,
225 g Zucker,
85 g Honig,
1 Zimtstange,
1 Nelke,
etwas Zitronenschale,
2 cl Kirschwasser.

## Zubereitung:

Den Apfelwein und den Apfelsaft mit der Zimtstange und der Nelke langsam erhitzen. Zucker, Honig und die Zitronenschale dazu geben. Gelatine einweichen, Gelatine ausdrücken und in den Sud geben und verrühren bis alles aufgelöst ist. Der Apfelsud darf nicht kochen. Den Sud durch ein Haarsieb geben. Die Äpfel schälen und entkernen und mit Zitronensaft beträufeln. Die Äpfel in Schnitze schneiden und in Butter und etwas Zucker andünsten. Dessertschalen mit den Apfelschnitzen auslegen, das Apfelgelee dazu geben und kalt stellen. Später auf kleine Teller stürzen.

*Markus Gramberg, 36148 Kalbach*

# Eistorte mit Heidelbeeren

## Zutaten:

3 Eigelb,
3 EL Puderzucker,
geriebene Schale und Saft einer halben Zitrone oder Orange,
250 g Schlagsahne,
300 g selbst gesuchte Heidelbeeren,
1 EL Zucker,
gut 1/8 l Schlagsahne.

## Zubereitung:

Eigelb und Puderzucker schaumig rühren, Fruchtschale und Saft hinzugeben. Sahne steif schlagen und unterheben. In eine kleine glatte Form oder Schüssel füllen. 4 Stunden einfrieren.
Knapp 60 g geputzte, gewaschene Heidelbeeren mit Zucker zerdrücken. Schlagsahne zum Garnieren schlagen.
Eis auf einen Teller stürzen, Schlagsahne und Beerenbrei vorsichtig mischen, Eis damit überziehen. Eistorte mit einem Kranz Heidelbeeren umgeben.

*Irene Dienst, Hünfeld*

# Schlehen-Brombeergelee

## Zubereitung:

Schlehen mit Wasser weich kochen, durch ein Sieb drücken.
500 g Schlehenmark mit ½ l Brombeersaft abwiegen, mit 1 kg Gelierzucker vermischen und 4 Minuten sprudelnd kochen lassen und in Gläser füllen, verschließen.

*Gisela Limpert, 36088 Hünfeld*

# Holunderbeerlikör

## Zutaten:

¾ l Holundersaft,
1 Vanillestange,
250 g Zucker,
1 Flasche Rum 54% (0,7 l).

## Zubereitung:

Saft, Vanillestange und Zucker aufkochen. Nach dem Abkühlen den Rum dazugießen. Likör etwa 4 Wochen ruhen lassen. Dann Vanillestange herausnehmen und den Likör in eine hübsche Karaffe füllen.

*Gaby Lemke-Bair, 36037 Fulda*

# Heidelbeerlikör

## Zutaten:

200 g gut verlesene und gewaschene Heidelbeeren,
150 g Kandis,
1 Gläschen Rum,
1 Flasche Korn.

## Zubereitung:

Beeren mit Kandiszucker und Rum in eine Flasche geben, Korn dazugießen, Flasche gut verkorken. 2 Monate ziehen lassen. Dann gefiltert in eine schöne Likörflasche füllen.

*Gaby Lemke-Bair, 36037 Fulda*

# Vogelsberg

Die historische Altstadt von Alsfeld zieht als nördliches „Tor zum Vogelsberg“ jährlich zigtausende von Touristen an. Der Vogelsberg, Europas größter erloschener Vulkan, bildet zwischen Gießen, Marburg, Lauterbach, Büdingen und der Wetterau einen Geheimtipp für Pedalritter, Inliner, Packtaschenfans und Genusswanderer. Einen Hauch von Wildheit und Abenteuerlichkeit birgt der Oberwald im Hohen Vogelsberg. Massige Blocksteinfelder und bizarre Basaltklippen unterstreichen die teils urwaldhaften Formen. Geradezu parkartig bietet sich dagegen das weite Umfeld dar. Wald- und Flussszenen, Seen, Felder und baumbestandene Wiesen wechseln einander rasch ab. Aussichten gibt es überreichlich – von kleinen, idyllischen Taleinblicken bis zum Fernblick in Rhön, Taunus und Knüll. Zusammen mit den reizvollen Kleinstädten ist die Region, die sich bis in die Wetterau ausdehnt, ein Paradies für Erholungssuchende.

**Weitere Infos:**
*Region Vogelsberg Touristik GmbH,*
*Vogelsbergstraße 137a, 63679 Schotten,*
*Tel. (06044) 96 48 48,*
*Fax: (06044) 964849*
*E-Mail: info@vogelsberg-touristik.de,*
*Internet: www.vogelsberg-touristik.de*

# Wildsuppe aus dem Vogelsberg

## Zutaten:

300 g Wildfleischreste (dazu auch Hasengerippe oder Rehknochen),
30 g Fett,
1 Zwiebel,
Suppengrün,
etwas Majoran,
1 ¼ l Wildbrühe oder Gemüsebrühe,
30 g Butter oder Margarine,
40 g Mehl,
Salz,
Pfeffer,
eine Prise Zucker,
½ Glas Rotwein oder 3 EL Zitronensaft.

## Zubereitung:

Wildfleischreste und zerhackt Knochen in Fett anbraten, die gehackte Zwiebel, das zerkleinerte Suppengrün und Majoran dazu geben. Nach kurzem Dünsten mit der Flüssigkeit auffüllen und kochen lassen, bis das Fleisch weich ist, Fleischstücke herausnehmen und das Fleisch vom Knochen lösen. Die heiße Brühe durch ein Sieb über eine helle Einbrenne aus Butter oder Margarine und Mehl geben und alles noch 15 Minuten durchkochen. Mit Salz, Pfeffer, Zucker und zum Schluss mit Wein oder Zitronensaft würzen und die abgelösten Fleischteile zerkleinert in die Suppe geben.

*Adolf Tausch, Alsfeld*

# Wild-Gulaschsuppe

## Zutaten:

400 g Gulasch vom Wildschwein, Reh oder gemischt,
2 Zwiebeln,
2 EL Margarine,
2 TL Paprika edelsüß,
1 TL Kümmel,
Salz,
Lorbeerblatt,
1 l Brühe (selbst gekocht und Instant),
3 Kartoffeln,
2 Möhren,
2 Knoblauchzehen,
3 Tomaten.

## Zubereitung:

Margarine im Topf erhitzen. Fleisch darin scharf anbraten, die geschälten und gehackten Zwiebeln darin bräunen, Gewürze zugeben. Heiße Brühe zugießen und 45 Minuten in geschlossenem Topf kochen. Kartoffeln und Möhren schälen, waschen und in Streifen schneiden, in die Suppe geben und weitere 20 Minuten kochen. Knoblauchzehen schälen und den Saft in die Suppe geben. Gebrühte und abgezogene Tomaten klein schneiden und ebenfalls in die Suppe geben, abschmecken. Evtl. noch etwas Tomatenmark hinzufügen. Dazu Weißbrot oder Bauernbrot servieren.

*Adolf, Tausch, Alsfeld*

# Wildschwein-Rollbraten

## Zutaten:

1 Rippenbogen mit Brustbein und anhängenden Bauchlappen,
3 mittlere Zwiebeln in dünnen Ringen,
je eine 1/2 rote und grüne Paprika in feinen Streifen,
200 g durchwachsenen Speck in dünnen Scheiben,
Salz, Pfeffer, Wildgewürz,
Knoblauch, Senf, Dosenmilch, Butter.

## Zubereitung:

Das Fleisch von den Rippen lösen. Sie Schnittführung vom Brustbein entlang dem Rippenbogen bis zum Rippenende ausrühren. Ausgetrennte Rippen als Fond verwenden. Das Fleisch sauber putzen und mit Dosenmilch besteichen und würzen. Zwiebelringe, Paprikastreifen und Speckscheiben gleichmäßig darauf verteilen und zusammenrollen. Mit Küchengarn in 2 cm Abstand zu einem Rollbraten binden.Den Braten von außen würzen, kurz anbraten und mit dem Fond ablöschen. In einem Bräter geben, mit Butterflocken belegen und im Backofen bei 200°C ca. 1 1/2 bis 2 Stunden garen. Zwischendurch mit Bratensaft übergießen. Küchengarn entfernen und den Braten in 1 1/2 cm dicke Scheiben schneiden, Soße etwas anbinden und darüber gießen. Dazu serviert man Nudeln oder Kartoffelbrei und einen Salat der Saison. Als Beilage Ebereschen-Kompott.

*Gudrun Watzal, 61194 Niddatal 1*

# Junges Wildschwein aus dem Holzbackofen „Keltenart“

## Zutaten (für 15 bis 25 Personen):

1 junges Wildschwein 20 bis max. 40 kg,

Rotweinmarinade: Reichlich Rotwein mit Thymian, Majoran, Pfefferkörner, Lorbeerblätter und Zwiebeln kurz aufkochen, abkühlen lassen, durch ein Sieb geben und über das Fleisch gießen, 3 -4 Tage darin liegen lassen.
1 Liter Weinbrand oder Apfelwein, eine Handvoll Brennnesseln, Majoran, Thymian, Liebstöckel, Rosmarin.
Bratdauer: Ca. 3 1/2 Stunden.

## Zubereitung:

Das Wildschwein, von der Schwarte befreit, wird nun grob zerteilt, das heißt in Keulen, Blätter, Rücken und Hals. Die Rippen legen wir erst mal beiseite, die werden zu einer guten Wildsuppe gekocht. Wichtig ist, dass die Stücke sauber gehäutet und alles Fett und Reste abgeschnitten werden.
Das Wildbret ruht zugedeckt für ca. 3-4 Tage in einer Rotweinmarinade. In die Keule werden mit Hilfe eines spitzen Messers eine Anzahl Knoblauchzehen gesteckt. Vor dem Braten wird das Wildschwein mit Pfeffer, Salz und Kräutern eingerieben. Mein Schwiegervater verriet mir den ostpreußischen Trick: Reichlich Brennnesseln auf das Wildbret zu legen.
Hat der Holzbackofen eine Temperatur von ca. 350°C, wird das Wildbret im Bräter ohne Deckel eingeschossen. In Abständen von ca. 30 Minuten sollte man die Wildschweinteile mit einem guten Weinbrand oder Apfelwein begießen. Auch die Marinade wird nach und nach übergegossen.
Nach gut 3 Stunden ist das Fleisch gar. Das Fleisch wird nun von den Knochen gelöst , in große Stücke zerteilt und nochmals in den Backofen geschoben, allerdings nur noch für ca. 15 Minuten, damit die herzhafte Sauce nochmals einziehen kann. Die Sauce wird noch mit etwas Rahm glatt gerührt und kurz abgeschmeckt.
Auf vorgewärmten (!) Tellern, mit Tomaten, Kräutern und Salat garniert, servieren wird das junge Wildschwein mit Beilagen der Jahreszeit, es kann auch hausgebackenes Brot sein. Dazu wird heimisches Bier oder ein guter Tropfen von oberhessischen Streuobstwiesen gereicht.

*Wolfgang Busch, 636554 Büdingen*

# Schottische Hasenrücken-Filets

## Zutaten:

2 Hasenrückenfilets,
Mehl,
1 Eigelb,
Oatmehl medium oder Haferflocken,
2 cl Whisky,
schwarzer Pfeffer, Salz, Thymian,
Margarine.

## Zutaten Sauce:

1 große Zwiebel, gewürfelt,
4 gehackte Knoblauchzehen,
1 EL Butter,
2 El Oatmehl medium oder Haferflocken,
1 TL scharfer Senf,
¼ l Rinderbouillon,
abgeriebene Schale einer unbehandelten Orange,
3 EL Sahne,
2 cl Whisky,
schwarzer Pfeffer, Salz, Thymian.

## Zubereitung:

Die Hasenrückenfilets mit Salz, Pfeffer und Thymian würzen, mit Mehl bestäuben, durch das aufgeschlagenen Eigelb ziehen und mit Oatmehl oder Haferflocken panieren. Die Margarine in einer Pfanne erhitzen und die Filets bei niedriger Temperatur braten (sonst verbrennt die Haferflockenpanade), bis sie außen goldgelb sind. Dann die Hasenrückenfilets aus der Pfanne nehmen und warm stellen.
Butter in die Pfanne geben und die gehackte Zwiebel darin glasig werden lassen, dann Knoblauch dazugeben und mit Pfeffer und Thymian würzen. Oatmehl oder Haferflocken dazugeben und unter ständigem Rühren weiter dünsten, ohne dass die Mischung bräunt. Nun die Rinderbouillon angießen und die Sauce solange kochen lassen, bis sie dickflüssig ist. Dabei ständig rühren, dass sie nicht anbrennt. Orangenschale und Whisky dazugeben und den Alkohol verdampfen lassen. Mit Senf und evtl. Salz abschmecken. Sahne dazugeben und nicht mehr kochen lassen. Die Sauce zu den Hasenfilets reichen.

*Dr. Susanne Wagner, 61194 Niddatal-Assenheim*

# Wildhasenkrönchen

## Zutaten:

2 Wildhasenrücken,
Salz,
Pfeffer,
Wacholderbeeren,
100 g Butter,

## Zutaten für die Soße:

Knochen und Fleischabschnitte vom Wildhasen, Öl,
1 Suppengrün,
1 Zwiebel,
2 Lorbeerblätter,
1 TL Wacholderbeeren,
¼ l Rotwein (trocken),
500 g Schalotten,
30 g Butter,
Salz, Pfeffer, Zucker,
30 g Rosinen,
3 EL Sherry (trocken),
1 Scheibe Honigkuchen,
Zimt, Sherry zum Abschmecken.

## Zubereitung:

Wildhasenrücken vorbereiten: Rückgrat abschlagen, Stielknochen ein Stück vom Fleisch befreien, Rücken mit Zwirn zu Kronen binden, würzen mit Salz, Pfeffer und zerdrückten Wacholderbeeren, bei Seite stellen. Für die Soße die Fleischabschnitte und Knochen in wenig Öl gut bräunen, zerkleinertes Suppengrün und Zwiebel (eine gelbe Außenhaut belassen) zugeben und nach und nach den Rotwein angießen, dann mit Wasser auffüllen, 1 Stunde köcheln lassen, reduzieren, durchsieben. 500 g geschälte Schalotten im Ganzen in Butter leicht anbraten, Zucker darüber streuen, karamellisieren, mit Sherry und Soßenfond ablöschen, gewaschene Rosinen und Honigkuchen zugeben, würzen mit Salz und Pfeffer, bei milder Hitze garen bis die Schalotten wie sind. Abschmecken mit Zimt und Sherry. Die vorbereiteten Krönchen mit der kochenden Butter übergießen und im vorgeheizten Backofen bei 220°C ca. 20 Minuten garen, Ofen ausschalten, bei geöffneter Tür 10 Minuten stehen lassen. Dazu Semmelknödel und Rotkohl.

*Anita Lipp, 63679 Schotten-Busenborn*

# Wildschweinlende „Cerise“

## Zutaten (für ca. 5-6 Personen):

4 Wildschweinlenden (ca. 1000 g) – es schmeckt auch das Filet vom Rücken oder die Nuss aus der Keule,
2 TL Rosmarin,
2 TL Liebstöckel,
1 TL Majoran,
1 TL Salz,
1 TL Pfeffer,
eine Handvoll eingemachte Süßkirschen,
1 EL Kirschenmarmelade,
400 g selbstgemachter Kräuterquark,
300 g süße Sahne,
4 cl Williams-Christ-Likör,
0,5 l Rotwein.

## Zubereitung:

Die Lenden in ca. 2 cm dicke Scheiben schneiden, mit Salz und Pfeffer einreiben und auf beiden Seiten kurz anbraten. Mit dem Rotwein ablöschen und aus der Pfanne in einen Topf mit ca. 100 g zerlassener Butter geben.
Ist die Pfanne zu klein, kann man auch in mehreren Durchgängen anbraten. Die Lende köchelt dabei vor sich hin. Den Kräuterquark, die süße Sahne, die Kirschen und die Marmelade sowie die Gewürze zugeben. Das Gericht muss nun noch ca. 25 bis 30 Minuten auf kleiner Flamme köcheln. Am Schluss runden wir den Geschmack mit dem „Willi“ ab. Als Beilagen reicht man zum Beispiel Schleifchennudeln oder Wildreis.
Dieses Wildgericht eignet sich hervorragend als kulinarischen „Highlight“ an einem lauen Sommerabend in Verbindung mit einem leichten roten Frankenwein.

*Wolfgang Busch, 63654 Büdingen*

# Wildente

## Zutaten:

3 Wildenten,
4 kleine Scheiben Dörrfleisch,
3 kleine Karotten,
3 kleine Zwiebeln,
1 Scheibe Sellerie,
6 Nelken,
1 TL Quittengelee,
1 Zweig frisches Rosmarin,
1 Schuss Weißwein.

## Zubereitung:

Wildenten salzen, pfeffern mit je einer Scheibe Dörrfleisch und einer Karotte füllen, auf dem Herd anbraten, herausnehmen und die 3 Zwiebel ebenfalls anbraten, Wildenten wieder zugeben, Sellerie, Nelken, Quittengelee, 1 Scheibe Dörrfleisch und den Zweig frisches Rosmarin zufügen, mit Weißwein ablöschen, etwas Wasser nachgießen und im Backofen bei ca. 180°C 1-2 Stunden je nach Alter bzw. Größe der Enten (Gabelprobe) schmoren lassen. Soße abschmekken, je nach Geschmack mit Mondamin und, oder Sahne binden. Als Beilage eigenen sich sehr gut Prinzessbohnen mit Speck ummantelt und Semmelknödel.

*Irmtraud Lang, 61194 Niddatal*

# Wildpastete als Vorspeise

## Zutaten:

200 g fetter Speck,
350 g Wildschweinfleisch,
200 g Rehfleisch,
350 g Wildschweinleber,
3 Schalotten oder kleine Zwiebeln,
2 EL Margarine,
125 g Rehleber,
3 EL Cognac,
2 EL süße Sahne,
½ El Zitronensaft,
1 Ei,
Salz,
Gewürzpfeffer,
Pfeffer,
1 EL Mehl,
50 g gekochter Schinken,
150 g dünne Speckscheiben,
1 ½ Lorbeerblatt.

## Zubereitung:

100 g Speck, Wildschwein- und Rehfleisch durch den Fleischwolf drehen (grobe Scheibe). Wildschweinleber fein mahlen, mischen. Schalotten oder Zwiebeln schälen und fein hacken, im Fett bräunen und in die Fleischmasse mischen.
Rehleber in Scheiben schneiden und durchbraten, dann grob hacken und in die Fleischmasse geben. Cognac erhitzen, mit Sahne, Zitronensaft, Ei, Salz, Pfeffer und Mehl zum Fleischteig geben, ebenso den restlichen, in Streifen geschnittenen Speck und die Schinkenwürfel. Kastenform mit Speckscheiben auslegen, Fleischteig einfüllen. Mit Lorbeerblatt und Speck bedecken. In den vorgeheizten Ofen auf der mittleren Schiene bei 175°C 2 Stunden garen. In der Form auskühlen lassen. Dazu kann man Weiß- oder Schwarzbrot servieren.

*Jürgen Blank, Feldatal*

# Steinpilzsauce mit Hefeklößen

## Zutaten Sauce:

250 g (oder auch mehr, je nach Ausbeute) frische Steinpilze,
2-3 Schalotten, fein gewürfelt,
¼ l Gemüsebrühe,
200 ml Sahne,
2-3 EL Kartoffelmehl (oder Speisestärke),
Petersilie,
Salz,
Pfeffer.

## Zutaten Klöße:

500 g Mehl,
½ - ¾ Würfel Hefe,
Würfel von 3 trockenen Brötchen,
2 Eier,
Salz.

## Zubereitung der Sauce:

Die Schalotten in etwas Olivenöl anschwitzen, dann die Steinpilze dazugeben und leicht mit anbraten, auf kleiner Flamme etwas dünsten lassen. Dann die Gemüsebrühe auffüllen. Das Kartoffelmehl in etwas kaltem Wasser anrühren, dazugeben und aufkochen lassen. Danach die Sahne einrühren, mit Salz und Pfeffer aus der Mühle abschmecken und kurz vorm Servieren noch etwas frische Petersilie unterrühren.

## Zubereitung der Klöße:

Alle Zutaten verkneten (Hefe in ca. 1 Tasse lauwarmen Wasser auflösen) und wie Hefeteig gehen lassen. 2 Laibchen formen in kochendes Salzwasser geben und von jeder Seite 10-15 Minuten ziehen lassen (Deckel schließen). Mit einem Zwirnfaden in Scheiben schneiden und zu der Sauce reichen. Lässt sich auch sehr gut mit getrockneten Pilzen zubereiten.

*Bettina Steinbach, 35325 Mücke*

# Hagebuttenmark und Hagebuttenmarmelade

## Zutaten:

1,3 kg Hagebutten, frisch gepflückt,
2 l Wasser,
Zucker,
Saft von 1 Zitrone,
1 Beutel Zitronensäure,
1 Beutel Gelfix 3:1.

## Zubereitung:

Hagebutten waschen und schlechte Früchte aussortieren. Über Nacht in 2 l Wasser quellen lassen, dann aufkoche und ca. 1 Stunde weich kochen. Mit einem Holzstampfer die Früchte im Topf zerstampfen und durch ein Sieb passieren. Man erhält ca. 1,3 l Hagebuttenmark, in das der Zitronensaft eingerührt wird. Ein Teil davon kann in Eiswürfelbehälter eingefroren werden und eignet sich hervorragend zum Abrunden der Saucen von Wildgerichten. Jeweils 1000 ml Hagebuttenmark abwiegen und mit 350 g Zucker, 1 Päckchen Zitronensäure und 1 Päckchen Gelfix 3:1 aufkochen, 3 Minutensprudelnd kochen lassen und in Marmeladengläser abfüllen.

*Dr. Susanne Wagner, 61194 Niddatal-Assenheim*

# Apfelringe mit Sanddorn

## Zutaten für 8 Apfelringe:

2 große Äpfel,
1 EL Zucker,
200 ml trockener Weißwein,
2 Nelken,
1 Kardamonkapsel, aufgebrochen,
8 TL Sanddorn-Apfel-Marmelade.

## Zubereitung:

Äpfel mit einem Apfelausstecher vorsichtig entkernen und aus jedem Apfel vier dicke Ringe schneiden. Wein mit Zucker, Nelken und aufgebrochener Kardamonkapsel aufkochen und die Apfelringe darin weich dünsten, aber nicht zerfallen lassen. Den Topf von der Herdplatte und die Apfelringe im Weinsud abkühlen lassen. Apfelringe abtropfen lassen, einzeln auf einem Teller anrichten und in die Mitte jeweils einen Löffel voll Sanddorn-Apfel-Marmelade setzen. Die Apfelringe als Beilagen zu Wildgerichten servieren.

*Dr. Susanne Wagner, 61194 Niddatal-Assenheim*

# Kartoffelplätzchen

## Zutaten:

750 g Pellkartoffeln kochen in Gemüsebrühe,
100 g geriebener Käse z. B. Gouda,
1 Zwiebel,
200 g gekochter Schinken oder Dörrfleisch (würfeln),
Salz,
Pfeffer,
Muskat,
Petersilie,
etwas Paniermehl.

## Zubereitung:

Kartoffeln abpellen und durch Kartoffelpresse drücken oder fein reiben, abkühlen lassen, Käse darunter geben, Zwiebel fein würfeln und mit dem Schinken oder Dörrfleischwürfeln goldgelb anbraten unter die Kartoffelmasse heben und nach Geschmack würzen, Petersilie auch dazu geben.
Aus dem Teig eine Rolle formen und dicke Scheiben abschneiden, diese etwas formen zu Plätzchen (Stärke ca. 2 cm) in Paniermehl wenden und in reichlich Butterschmalz knusprig ausbacken.

Auf hoher Stufe knusprig anbraten, dann Hitze reduzieren und weiter ausbacken.

*Helma Schumek, 35321 Laubach*

# Johannisbeerketchup

## Zutaten:

2 kg rote Johannisbeeren,
1 Prise Salz,
1 kg Zucker,
¼ l Essig,
½ TL Piment (gemahlen),
2 TL Nelkenpulver,
1 EL Zimt,
Pfeffer.

## Zubereitung:

Alle Zutaten gut aufkochen, durch ein Sieb streichen, zu einem nicht zu steifen Brei einkochen, in Twist-off-Gläser füllen, verschließen und ein halbes Jahr ruhen lassen. Passt besonders gut zu Wild, aber auch zu kaltem Braten, zu Pasteten und gebackenem Camembert oder als Verfeinerung für Soßen.

*Anita Lipp, 63679 Schotten-Busenborn*

## Rheingau und Taunus

Die Burgruine Ehrenfels liegt zwischen Rüdesheim und Assmannshausen am majestätisch dahin fließenden Rhein. Ein außergewöhnlich mildes Mikroklima, begünstigt durch die schützenden hohen Taunushügel, veranlasste einen Dichter, der nahen Landeshauptstadt Wiesbaden den Namen „Nizza des Nordens" zu verleihen. Gleichermaßen könnte sich der Rheingau-Taunus-Kreis mit seinem Weinanbau als kleines Burgund am Rhein bezeichnen. Der Taunus selbst, der liebevoll den Rheingau vor den kalten Nordwinden schützt, ist stolz auf seine eleganten Staatsbäder Bad Schwalbach, Schlangenbad, Bad Homburg und viele von wunderschönem Fachwerk geprägte Ortschaften. Mengerskirchen, Weilburg, Bad Camberg und Limburg bilden Eckpunkte des angrenzenden Feriengebietes zwischen Westerwald und Taunus. Es wird durchschnitten von der Lahn, deren Lauf mit seinen zahlreichen Windungen Bootstouristen gern folgen.

**Weitere Infos:**

*Rheingau - Taunus Kultur und Tourismus GmbH, An der Basilika 11 a, 65375 Oestrich - Winkel, Tel.: 0 67 23 / 99 55 99, Fax:0 67 23/995 555, E-Mail: tourist@rheingautaunus-info.de, Internet: www.rheingau-taunus-info.de*

*Taunus Touristik Service, Ludwig-Erhard-Anlage 1 - 4, 61352 Bad Homburg v. d. Höhe, Tel. (06172) 999 41 40, Fax: (06172) 999 98 07,Internet: www.taunus-info.de*

# Jägersuppe

## Zutaten:

250 g Waldpilze,
½ Zwiebel,
½ l Wildkraftbrühe,
1 EL Öl,
30 g Speckwürfel,
1/8 l Sahne,
Salz, Pfeffer,
1 EL Petersilie zum Bestreuen,
½ TL Tomatenmark,
1/8 l Rotwein.

## Zubereitung:

Kleingeschnittene Pilze, gewürfelte Zwiebel und Speckwürfel anschwitzen. Tomatenmark zugeben, mit Wildbrühe auffüllen und zum Kochen bringen. Bei schwacher Hitze kochen lassen, bis die Pilze gar sind. Sahne zugeben und mit Salz, Pfeffer und Rotwein abschmecken, mit gehackter Petersilie bestreuen.

*Heidemarie Kilb, 65527 Niedernhausen*

# Parasol (Schirmpilz) paniert

## Zutaten:

Parasolpilzköpfe,
2 Eier,
Paniermehl,
Salz,
Pfeffer aus der Mühle.

## Zubereitung:

Pilzköpfe ohne Stiel säubern und halbieren. 2 Eier aufschlagen und würzen. Die Pilzköpfe darin drehen und in Paniermehl wenden.
In einer großen Pfanne mit Fett jede Seite etwa 8 Minuten ausbacken.

*Josef Schilling, 65599 Dornburg*

# Jagdliche Überraschungssuppe

## Zutaten für 4-6 Personen:

80 g grüne Erbsen,
1 kleine Karotte,
Salz,
½ l Wildkraftbrühe,
10 g Butter,
1/8 l Süßrahm,
5 cl Sherry,
100 g Wildfleisch,
1/8 l geschlagene Sahne,
1 Eigelb,
3 g Curry,
20 g geriebener Emmentaler Käse.

## Zubereitung:

Die Erbsen in ¼ l leicht gesalzenem Wasser unter Zugabe der Karotte ca. ½ bis ¾ Stunde gar kochen. Karotte herausnehmen und den Rest durch ein Sieb streichen. Wildkraftbrühe zugeben. Mit Sherry und Süßrahm abschmecken. Als Einlage beliebiges, gegartes, in Würfel geschnittenes Wildfleisch. Unter geschlagene Sahne Eigelb ziehen, mit Curry abschmecken, auf die Suppe geben, mit geriebenem Emmentaler Käse bestreuen und überbacken.

*Heidemarie Kilb, 65527 Niedernhausen*

# Rheingauer Taubensuppe

## Zutaten:

1 Wildtaube,
1 ½ l Wasser,
1 Schächtelchen klare Fleischsuppe,
Pfeffer,
50 g Sternchennudeln,
1-2 Scheiben gekochter Schinken,
1 kleine Dose Champignons,
1 Glas Sherry extra dry,
etwas Salz,
1-2 Messerspitzen Cayennepfeffer,
½ Bund Petersilie.

## Zubereitung:

Die Taube ausnehmen, rupfen und waschen. In einem Topf Wasser zum Kochen bringen die klare Fleischsuppe darin auflösen und pfeffern. Die Taube darin 45 Minuten gar kochen. Wenn man einen älteren Vogel erwischt hat, dann ist es besser ihn 5-10 Minuten länger zu kochen. Nach dieser Zeit die Taube aus der Brühe nehmen, dann die Nudeln, den in kleine Streifen geschnittenen Schinken und die Champignons in Scheiben dazugeben und nochmals 5 Minuten kochen. Inzwischen das Taubenfleisch von den Knochen lösen und in kleine Scheiben schneiden oder fein hacken und wieder in die Brühe geben.
Zum Schluss das Ganze mit Sherry, Cayennepfeffer und Salz abschmecken. Die Petersilien fein hacken und die Suppe damit bestreuen.
Dazu passt Schwarzbrot sowie getoastetes Weißbrot.

Wein-Empfehlung:
Natürlich einen Rheingauer Riesling, der Wein dieser Region mit seinem charakteristisch pikantem Aroma, traubig und blumig, häufig mineralisch und meist mit einem Hauch Süße als Gegengewicht für die hohe natürliche Säure der Traube.

*Robert Hassler, 65187 Wiesbaden*

# Überbackene Pilzsuppe

## Zutaten für 5 Portionen:

1 Paket Tiefkühlblätterteig,
2 Beutel getrocknete Steinpilze zu je 5-7 g,
375 g frische Pfifferlinge oder Champignons,
1 Zwiebel,
50 g Butter,
2 EL Mehl,
1 l klare Brühe,
1/8 l süße Sahne,
2 Eigelb,
etwas Mehl zum Bestäuben,
Salz,
Pfeffer,
Zitronensaft.

## Zubereitung:

Blätterteigplatten auseinander legen und bei Zimmertemperatur 20 Minuten auftauen. In der Zwischenzeit die getrockneten Steinpilze waschen und in einer Tasse Wasser einweichen. Pilze (Pfifferlinge oder Champignons) putzen, waschen, abtropfen lassen und dünnblättrig schneiden. Zwiebel fein hacken. In einem Suppentopf Butter schmelzen und darin die Zwiebeln glasig dünsten. Pilze dazu geben und 5 Minuten mitdünsten. Mehl darüber stäuben und anschwitzen. Mit den eingeweichten Steinpilzen und der Flüssigkeit ablöschen. Klare Brühe langsam hineingießen. Unter ständigem Rühren Suppe 15 Minuten leicht kochen lassen. Sahne darunter mischen, .Mit einer Tasse etwas Suppe entnehmen, das Eigelb hineinquirlen und zurück in den Topf geben. Bis kurz vor dem Kochen erhitzen. Mit Salz, Pfeffer und ein paar Tropfen Zitronensaft abschmecken. Pilzcremesuppe in vorgewärmte, feuerfeste Suppentassen füllen. Blätterteigplatten auf bemehltem Brett etwas in Form der Tasse ausrollen. Die unteren Ränder der Teigplatte mit etwas kaltem Wasser anfeuchten und über jede Tasse eine Platte setzen. Die Seiten fest an die Tasse drücken. Reste des Blätterteiges kann man ausstechen und zum Garnieren der Blätterteighaube verwenden. Im vorgeheizten Backofen bei 200°C Umluft ca. 15-20 Minuten goldgelb backen. Man löffelt die Pilzcremesuppe durch die knusprige Blätterteighaube und isst den Blätterteig dazu.

*Rosie Schmidt, 65589 Haddamar*

# Wildschweinpastete

## Zutaten:

750 g Wildschweinkeule,
250 g Wildschweinleber,
4 Wacholderbeeren,
6 cl Weinbrand,
1 Brötchen,
6 EL Milch,
100 g fetter Speck,
3-4 Zwiebeln,
Salz, Pfeffer, Majoran,
20 Scheiben Dörrfleisch.

## Zubereitung:

Fleisch und Leber in Stücke schneiden. Mit den zerdrückten Wacholderbeeren vermischen und mit dem Weinbrand beträufeln. Zugedeckt 2 Stunden kalt stellen. Brötchen in Würfel schneiden und mit der erhitzten Milch übergießen. Speck in große Würfel schneiden, Zwiebeln schälen und vierteln.
Fleisch, Leber, Speck und Zwiebeln durch den Fleischwolf drehen. Am besten zweimal. Mit den ausgedrückten Brötchenwürfeln zu einem Teig mischen. Mit Salz, Pfeffer und Majoran abschmecken. Pasteten- oder Kastenform mit 2/3 der Dörrfleischscheiben auslegen, die Masse einfüllen und mit dem restlichen Dörrfleisch belegen. Mit Alufolie abdecken.

Im vorgeheizten Backofen bei 200°C ca. 75 Minuten backen. Kalt servieren. Eignet sich auch gut zum Einfrieren.

*Hanni Weyershäuser, 65375 Oestrich-Winkel*

# Wildkraftbrühe mit Waldbeeren

## Zutaten (20 Portionen):

0,03 l Erdnussöl,
400 g Wildparüren,
2 kg Wildknochen,
100 g Karotten,
80 g Sellerie,
100 g Lauch,
100 g Tomaten,
4 Eiweiß,
0,3 l Rotwein,
½ Lorbeerblatt,
Salz und weiße Pfefferkörner,
4 l Wasser,
200 g Beeren,
200 g Pilze.

## Zubereitung:

Wildparüren und Knochen mit dem Gemüse anbraten und mit Rotwein ablöschen, erkalten lassen für ca. 1 Stunde, Tomaten, Eiweiß und Gewürze mit dem Wasser vermischen, alles zusammen unter vorsichtigem Rühren aufkochen lassen, 1,5 Stunden leicht sieden lassen, sorgfältig durch ein Sieb passieren, gut abfetten und abschmecken, Pilze und Beeren hinzufügen.

*Marie Louise Kretschmer, Forstamt Wiesbaden*

# Lauwarmer Salat vom Rehrücken

## Zutaten für 10 Personen:

750 g ausgelöster Rehrücken,
Salz und Pfeffer aus der Mühle,
Nussöl,
500 g große, in feine Scheiben geschnittene Champignons,
75 g Zucker,
175 g Cranberries oder Preiselbeeren,
0,15 l Apfelessig,
1,5 TL Meerrettich,
Salatspitzen.

## Zubereitung:

Rehrückenfilet mit Salz und Pfeffer würzen. Das Fleisch in heißem Öl kräftig anbraten und dann bei kleiner Hitze 5-7 Minuten kräftig braten.
Champignons im verbleibenden Fett anbraten, salzen und herausnehmen.
Zucker im verbliebenen Bratenfond hellbraun karamellisieren, Cranberries schnell darin wenden, mit Apfelessig löschen und bei niedriger Hitze köcheln, bis der Karamell gelöst ist.
Mit Meerrettich abschmecken. Salatspitzen mit gebratenen Pilzen auf den Tellern verteilen.
Rehrücken in dünne Scheiben schneiden und auf den Salat legen.
Mit Cranberry-Sauce beträufeln.

*Marie Louise Kretschmer, Forstamt Wiesbaden*

# Wildschweingulasch mit Pilzen aus Rheingauer Wäldern

## Zutaten:

500 g junges Wildschwein,
200 g Steinpilze,
1 Beutel Gulaschfix,
1 große Zwiebel,
2 Lorbeerblätter,
etwas Kümmel,
etwas Majoran und
Sahne oder Rotwein.

## Zubereitung:

Den Beutel Gulaschfix mit dem Schneebesen in ½ l kochendes Wasser einrühren.
Fleisch aus Schulter oder Rippen in Würfel schneiden und in den aufgekochten Sud geben.
Zwiebel, Lorbeerblätter, Kümmel und Majoran dazugeben.
Man gart es am besten in einem Schnellkochtopf eine ¾-1 Stunde.
Zum Schluss die Steinpilze (frisch oder eingefroren) dazugeben.
Mit Sahne oder Rotwein abschmecken.
Beilage: Reis oder Nudeln mit Salat der Saison.

*Hanni Weyershäuser, 65375 Oestrich-Winkel*

# Pfifferlinge in Kräutersahne

## Zutaten:

500 g frische Pfifferlinge,
4 Schalotten oder 2 Zwiebeln,
70 g Butter,
100 g süße Sahne,
½ TL Mehl,
½ TL Salz,
Pfeffer aus der Mühle,
1 Msp. gemahlener Kümmel,
1 Bund Petersilie.

## Zubereitung:

Pilze putzen, die großen klein schneiden. Schalotten schälen und fein hacken. Butter schmelzen und Schalotten kurz andünsten. Pilze zugeben und kurz rösten. Die Hälfte der Sahne zugeben. Im geschlossenen Topf 4 Minuten leicht köcheln lassen. Die restliche Sahne mit dem Mehl und Gewürzen verrühren und zu den Pilzen geben. Aufkochen lassen und zur Seite stellen.
Petersilie fein hacken und zugeben. Nochmals abschmecken.
Beilage: Nudeln oder Semmelknödel.

*Josef Schilling, 65599 Dornburg*

# Rehbraten (ebenso Wildschweinbraten)

## Zutaten:

Ca. 1 kg Braten.

Mischung meiner Gewürze:
2 TL Salz,
1 TL Wacholderbeeren (zerstoßen),
1 Msp. Muskatnuss,
1 Msp. gemahlene Nelken,
1 Msp. gemahlener Pfeffer sowie

1-2 Lorbeerblatt,
100 g Butter,
Speckscheiben nach Belieben,
1 Möhre,
2 Zwiebeln,
100 g Sellerieknollen,
¼ l frische Sahne,
2 EL Johannisbeergelee,
¼ l Rotwein,
¼ l Fleischbrühe.

## Zubereitung:

Das Fleisch von den Sehnen befreien und den Speck in schmale Streifen schneiden. Dann das Fleisch mit der Gewürzmischung einreiben, mit den Speckstreifen belegen und in einem mit Speckstreifen und Butter vorbereiteten Bräter legen. Das Gemüse und die Lorbeerblätter um den Braten legen und im Backofen von allen Seiten hell anbräunen. Dann die Fleischbrühe, den Johannisbeergelee und den Rotwein dazugeben und abgedeckt 2 Stunden bei 200°C garen lassen. Wenn das Fleisch weich ist, nimmt man es heraus, passiert den Fond durch ein Sieb, entfettet ihn, gibt die Sahne dazu und bindet ihn zu einer Soße, die dem Braten die Krönung gibt.Dazu passen hervorragend Majoranklöße und Apfelrotkohl. Mein Tipp:

1. Wildfleisch sollte vor dem Garen nicht abgewaschen, sondern lediglich mit einem feuchten mit Essig getränkten Tuch abgerieben werden.

2. Rehfleisch niemals zu stark würzen, da sonst der Eigengeschmack nicht erhalten bleibt. Frische Kräuter wie Majoran, Thymian, Wacholder oder Salbei eignen sich ausgezeichnet.

*Erika Daniel, 65321 Heidenrod-Hilgenroth*

# Rehrouladen

## Zutaten:

Rippenstücke von einem Reh,
Salz,
Pfeffer,
Fett,
Wurzelgemüse,
5 Wacholderbeeren,
3 Nelken,
1 Zwiebel,
Speck,
Senf,
Mehl,
Soßenbinder,
Schmand oder saure Sahne,
Rotwein,
Rotkraut,
Preiselbeeren,
Semmelknödel.

## Zubereitung:

Aus den Rippenstücken mit einem scharfen Messer die Rippen vorsichtig herauslösen. Dann mit Salz und Pfeffer würzen. Mit Senf dünn bestreichen und mit einer kleingehackten Zwiebel und kleingeschnittenem Speck belegen und mit Küchenzwirn oder Nadeln zu einer Roulade binden oder stecken und schwach mit Mehl bestäuben. Etwas Fett in einem Bräter heiß werden lassen. Nun die Rouladen scharf anbraten und dann das Wurzelgemüse, zerstoßene Wacholderbeeren und die Nelken dazu tun, ¼ l Flüssigkeit zufügen und Bräter mit einem Deckel schließen und im Ofen garen. Ca. 30 Minuten vor Ende der Garzeit den Deckel abnehmen. Zum Testen, ob die Rouladen gar sind, eine Nadel nehmen. Die Rouladen aus dem Bräter nehmen und auf eine Platte legen und mit Alufolie abdecken und warm halten. Nun eine Soße aus der Restflüssigkeit herstellen. Dazu etwas Flüssigkeit in den Bräter geben, den Bratenansatz lösen und durch ein Sieb in einen kleineren Topf drücken. Nun in die Soße etwas saure Sahne oder Schmand einrühren. Mit Mehl oder Soßenbinder binden und mit Salz und Pfeffer abschmecken und aufkochen. Mit Rotwein verfeinern. Dazu serviert man Semmelknödel, Rotkraut und Preiselbeeren.

Bratzeit: 100-120 Minuten.
Temperatur: Heißluft 190°C, Ober-/Unterhitze 220°C.

*Wolfgang Heicken, 65824 Schwalbach*

# Wildragout auf Reis

## Zutaten:

Ca. 500 g Hirsch- oder Rehgulasch, mager,
30 g Butter,
1 große Zwiebel, gehackt,
1 Küchenapfel, geschält, entkernt, in Scheiben,
300-400 ml herber Rotwein,
700 ml Fleischbrühe,
300 g Langkornreis,
Salz,
Pfeffer schwarz aus der Mühle,
4-5 EL Schmand,
gehackte Petersilie zum Garnieren.

## Zubereitung:

Die Butter in einem großen Topf schmelzen und das Fleisch bei hoher Temperatur etwa 15 Minuten kräftig von allen Seiten anbraten, bis es gleichmäßigbraun und fast durch ist. Die kleingehackte Zwiebel dazugeben und 5 Minuten bräunen lassen, dann den Apfel dazugeben.
Rotwein, Brühe, Reis, Salz und Pfeffer einrühren und zum Kochen bringen. In eine Kasserolle einfüllen, zudecken und ca. 30-40 Minuten im vorgeheizten Backofen bei 180°C backen, bis der Reis weich ist. Die Soße mit etwas Rotwein abschmecken und die Sahne unterrühren. Mit Petersilie bestreuen.

*Thomas Michel, 65195 Wiesbaden*

# Gebackene Steinpilze

## Zutaten:

Pro Person 200-250 g Steinpilze,
Salz,
Pfeffer,
Mehl,
2 Eier,
60 g Paniermehl,
Fett zum Ausbacken.

## Zubereitung:

Die Pilze putzen, mit Küchenkrepp abreiben und in dicke Scheiben schneiden. Schöne, nicht zu große Köpfe ganz lassen.
Sparsam mit Salz und Pfeffer würzen, in Mehl wenden, durch verschlagenes Ei ziehen und mit Paniermehl panieren. Überschüssige Panade leicht abklopfen.
Schwimmend in heißem Fett oder der Friteuse bei 160°C backen.
Den so köstlichen Steinpilz würde ich nur noch mit etwas zerlassener Butter beträufeln und Petersilienkartoffeln dazu servieren.
Genauso lassen sich Maronen, Birkenpilze, Butterpilze oder Champignons zubereiten.

*Josef Schilling, 65599 Dornburg*

# Forsthäusler-Wildtopf

## Zutaten für 8 Personen:

3 kg Wildfleisch inkl. Knochen (Rippen, Hals usw.),
zum Anbraten Ernussöl (falls nicht vorhanden, geht auch Margarine),
4 große Zwiebeln,
4 Lorbeerblätter,
8 Wacholderbeeren,
4 Nelken,
1 Rosmarinzweig,
Salz und Pfeffer,
4 große Kartoffeln,
500 g frische Waldpilze,
250 g frische Waldfrüchte (wahlweise gehen auch Preiselbeeren aus dem Glas),
5 EL Zucker,
2-3 Flaschen halbtrockener Rotwein,
etwas Soßenbinder oder Mehl,
frische Petersilie zum Garnieren.

## Zubereitung:

Rohes Fleisch mit Knochen mit Salz und Pfeffer würzen. Anschließend kurz in dem heißen Öl im Bräter anbraten. Dann die in Ringe geschnittenen Zwiebeln mit dazu geben und alles zusammen weiter braun braten. Kartoffeln schälen und in Würfel schneiden. Lorbeerblätter, Wacholderbeeren, Nelken und Rosmarinzweig zusammen weiter braten lassen. Ab und zu umrühren. In der Zwischenzeit Waldbeeren pürieren und ebenfalls in den Bräter geben. Anschließend den Wildtopf mit Rotwein auffüllen, das Fleisch muss ganz bedeckt sein. Nun den Zucker karamellisieren. Dazu in einer kleinen Pfanne 2 EL Butter zerlassen und den Zucker langsam darin bräunen, bis er zähflüssig ist. Den karamellisierten Zucker unter ständigem Rühren in den Bräter einlaufen lassen. Anschließend den Bräter mit geschlossenem Topfdeckel bei 220°C für 1,5 Stunden in den Backofen stellen und garen lassen. Währenddessen die Waldpilze putzen und schneiden. In zerlassener Butter bräunen. Den Bräter aus dem Ofen nehmen. Die Knochen entfernen. Das Fleisch ist dann gar, wenn es sich leicht von den Knochen lösen lässt. Soße mit braunem Soßenbinder oder Mehl leicht andicken. Zuletzt die gebräunten Waldpilze oben auf den Wildtopf streuen, nicht unterrühren. Dann mit gehackter Petersilie garnieren und im Bräter servieren.
Dazu passen Knödel, aber auch Weißbrot. Als Gemüsebeilage eignet sich hervorragend Rosenkohl.

*Elke Bördner, 65510 Idstein*

# Rheingauer Fasanenbrust

## Zutaten:

Brüste von 3 Fasanen,
150 g gekochter Schinken,
250 g Schweinenetz,
15 Schalotten,
2 Gläser Rheingauer Riesling,
1 TL Salz,
2 EL Mandelsplitter,
1 EL roter und grüner Pfeffer,
Butterschmalz zum Braten.

## Zubereitung:

Die Fasanenbrüste auslösen und die Haut entfernen, in der Mitte längs aufschneiden und mit einer Scheibe gekochtem Schinken füllen. Das Ganze salzen und in Schweinenetz einwickeln. Die Brüste mit den geschälten Schalotten in einer Pfanne mit etwas Butterschmalz von beiden Seiten anbraten. 2 Gläser trockenen Rheingauer Riesling dazugeben und die Pfanne abdecken. Ca. 15-20 Minuten fertig dünsten. Roten und grünen Pfeffer zerstoßen, die Brüste damit bestreuen, mit den Schalotten und leicht angerösteten Mandelsplittern auf einen Teller legen.
Mit Nudeln oder Bratkartoffeln, grünen Bohnen und einem trockenen Riesling Spätlese aus dem Rheingau servieren.

*Jürgen Schmoll, 65307 Bad Schwalbach*

# Medaillons vom Hirschkalbfilet mit gefüllter Rotweinbirne

## Zutaten:

600 g Hirschkalbfilet enthäutet,
100 g magerer Räucherspeck,
½ Zwiebel,
Salz,
Pfeffer,
200 g Pfifferlinge,
4 halbe Birnen,
¼ l Rotwein,
Zucker,
4 TL Preiselbeeren.

## Zubereitung:

Hirschfilets in 50 g schwere Medaillons schneiden und leicht plattieren. Mit Salz und Pfeffer würzen, braten und heiß halten. Speck und Zwiebelwürfel anschwitzen, Pfifferlinge salzen, pfeffern und über die vorher mit brauner Wildsauce übergossenen Filets geben. Die vorher in Rotwein und Zucker gegarten Birnen, ohne Kernhaus, mit Preiselbeeren füllen und garnieren.
Dazu Mandelkroketten/Kartoffelbällchen.

*Heidemarie Kilb, 65527 Niedernhausen*

# Wildbratwurst

## Zutaten:

1500 g mageres Schweinefleisch,
2000 g Wildfleisch,
1000 g Schweinebauch,
62 g Salz,
10 g Pökelsalz,
13 g Pfeffer,
2 g Muskat,
¼ Zehe zerdrückter Knoblauch.

## Zubereitung:

Das Fleisch in Würfel schneiden. Schweinebauchfleisch durch die 4,5 mm Scheibe des Fleischwolfes drehen.
Das durchgedrehte Schweinebauchfleisch mit den restlichen Fleischwürfeln und den Gewürzen gut vermischen und alles durch die 4,5 mm Scheibe drehen. Die Masse kräftig durchkneten, bis es richtig bindet. Alles in Schweinedärme füllen und abdrehen. Die Würste entweder einfrieren oder 1- bis 2-mal überräuchern.
Die Masse kann auch in Dosen eingekocht werden. Kochdauer der Dosen: 120 Minuten

*Josef Schilling, 65599 Dornburg*

# Rheingauer Wildschmortopf

## Zutaten:

1,2 kg Reh- oder Wildschweingulasch (Frischling),
Salz und Pfeffer,
2-3 EL Butterschmalz,
500 g Zwiebeln,
4 Karotten,
2-3 EL Tomatenmark,
2-3 EL Weizenmehl,
½ l Rotwein (am besten Dornfelder oder auch Spätburgunder),
½ l Gemüsebrühe (gibt es fertig im Glas zu kaufen),
2 Lorbeerblätter,
1 TL gemahlene Wacholderbeeren,
1 EL Thymian,
1 EL Rosmarin,
2-3 EL Johannisbeergelee,
2-3 EL Obstessig,
1 Msp. Cayennepfeffer,
frische Kresse zum Bestreuen.

## Zubereitung:

Wildgulasch waschen, trocken tupfen und mit Salz und Pfeffer kräftig würzen. Das Butterschmalz in einem Topf erhitzen und das Fleisch darin anbraten und Farbe nehmen lassen. Die in Scheiben geschnittenen Zwiebeln zum Fleisch geben und kräftig mitbraten. Die Karotten in Scheiben schneiden und ebenfalls mitbraten. Das Tomatenmark hineinrühren und kurz mitrösten. Alles mit Weizenmehl bestäuben und ebenfalls kurz rösten. Mit dem Rotwein ablöschen und mit der Gemüsebrühe auffüllen. Dann die Lorbeerblätter und die Wacholderbeeren mit dem Thymian und dem Rosmarin sowie dem Johannisbeergelee unterrühren und das Ganze bei mäßiger Hitze ungefähr 70-80 Minuten schmoren lassen. Zum Schluss mit dem Obstessig süß-sauer abschmecken und mit Salz, Pfeffer und Cayennepfeffer abrunden und mit der grob geschnittenen Kresse bestreuen. Dazu passen am besten Salzkartoffeln, die man noch mit Petersilie bestreuen kann. Weinempfehlung: Assmannshäuser Spätburgunder oder ein Dornfelder trocken.

*Robert Hassler*

# Hirschschnitzel mit Kirschensauce

## Zutaten:

600 g Hirschkeulenfleisch enthäutet,
150 g Mandeln gehobelt,
2 Eier,
½ l Rotwein,
100 g Zucker,
300 g Schattenmorellen,
1/8 l Sahne,
Salz,
4 cl Kirschwasser.

## Zubereitung:

Hirschfleisch in 4 Scheiben schneiden und leicht plattieren und salzen. In Mehl wenden, in geschlagene Eier tauchen und mit Mandelplättchen panieren und andrücken. Nun goldbraun braten. Den mit Zucker vermischten Rotwein mit Kirschsaft aufkochen und mit Sahne leicht binden. Kirschen zugeben, mit Kirschwasser abschmecken und um die Schnitzel geben:

*Heidemarie Kilb, 65527 Niedernhausen*

# …schmorte Frischlingskeule mit Honig glasiert, …Linsenpüree und Hagebutten-Salsa

## 1. Frischlingskeule

Zutaten (10 Personen):

1 Frischlingskeule,
12 Wacholderbeeren,
100 g Lauch,
150 g Karotten,
120 g Zwiebeln,
50 g Butter,
2 EL Öl,
1 Thymianzweig,
1 Nelke,
1 Lorbeerblatt,
1 EL Honig,
Sherry nach Geschmack.

## Zubereitung:

Öl und Butter zum Schäumen bringen, Keule einlegen und im vorgeheizten Ofen bei 200°C langsam Farbe nehmen lassen (das Fett darf nicht verbrennen). Anschließend das Fett abschütten. Die zerkleinerten Haxen und Schlussknochen hinzufügen.
Nach ca. 20 Minuten Gemüse beigeben und bei 180°C noch ca. 1 Stunde schmoren lassen. Mit etwas Wasser in kleinen Mengen untergießen.
Das Fleisch soll rosa werden.
Die Keule aus der Pfanne nehmen und auf ein Gitter legen und ca. 10 Minuten ruhen lassen. Die Keule mit Honig bestreichen und bei starker Oberhitze glasieren.

Sauce:
Den Bratensaft einige Male einkochen und mit wenig Wasser ablöschen. Sauce durch ein Sieb passieren und abschmecken. Etwas Sherry beigeben.

## 2. Linsenpüree

Zutaten (10 Personen):

200 g rote Linsen,
Salz und Pfeffer aus der Mühle,
50 g weiße Zwiebeln,
100 g Karotten,
38 g Butter,
1,5 Knoblauchzehen,
1,5 Lauchzwiebeln,
1,5 TL gemahlener Piment,
1,5 TL Koriandersamen,
1,5 TL Muskatnuss.

## Zubereitung:

Linsen mit gepellter Zwiebel, geschälter Karotte und ¾ l Wasser 20-30 Minuten kochen, bis die Flüssigkeit eingekocht ist. Mit dem Pürierstab bearbeiten.
Butter erhitzen. Gehackten Knoblauch und alle Gewürze leicht rösten. Mit sehr fein geschnittener Lauchzwiebel unter das Püree ziehen.

## 3. Hagebutten-Salsa

Zutaten (10 Personen):

500 g Hagebuttenkonfitüre,
100 ml Rotwein,
2,5 Knoblauchzehen,
3 frische Chilischoten.

## Zubereitung:

Hagebuttenkonfitüre mit Rotwein, gepresstem Knoblauch und sehr fein geschnittener Chilischote glatt rühren. Lauwarm servieren.

*Marie Louise Kretschmer, Forstamt Wiesbaden*

# Majoranklöße

## Zutaten:

1 kg gekochte Kartoffeln,
5 gehäufte EL Kartoffelmehl,
2 Eier,
1 Prise Muskat,
Salz und Majoran nach Belieben.

## Zubereitung:

Die gekochten Kartoffeln reiben und anschließend mit den Zutaten vermischen. Die Hände anfeuchten, Klöße formen und in kochendem Salzwasser 10-15 Minuten garen lassen.
Tipp:
Die Kartoffeln schon am Vortag abkochen, damit sie bis zur Weiterverarbeitung abgekühlt sind.

*Erika Daniel, 65321 Heidenrod-Hilgenroth*

# Schupfnudeln

## Zutaten:

500 g gekochte Pellkartoffeln, kalt,
2 Eier,
2 EL Mehl,
Salz,
Muskat.

## Zubereitung:

Geschälte Kartoffeln durch die Quetsche drücken. Mehl, Salz, Muskat und Eier zugeben und einen festen Teig kneten. Masse zu Schupfnudeln (Form einer kleinen Zigarre) formen. In kochendes Salzwasser geben, ca. 5 Minuten ziehen lassen, herausnehmen und abtropfen lassen.
Vor dem Servieren in Butter goldbraun braten oder nur in kochendem Salzwasser kurz heiß machen.

*Heidemarie Kilb, 65527 Niedernhausen*

# Kartoffelbällchen

## Zutaten:

500 g Kartoffeln,
15 g Butter,
1 ½ Eier,
25 g Mehl,
Muskat,
100 g Weißbrotbrösel,
250 g Fett zum Ausbacken.

## Zubereitung:

Die gekochten Salzkartoffeln im Ofen ausdämpfen (austrocknen) lassen, durch die Kartoffelquetsche drücken. Butter, 1 Eigelb und Salz und Muskat gut untermengen. Kleine korkähnliche Rollen oder Kugeln (2 cm) formen, in Mehl und geschlagenem Ei wenden und mit Weißbrotbröseln panieren. Im schwimmenden Fett goldbraun ausbacken.
Panieren Sie die Kartoffeln mit Mandelplättchen, Kokos oder Haselnuss gemahlen, so erhalten sie dadurch ihren Namen.

*Heidemarie Kilb, 65527 Niedernhausen*

# Rotkohl

## Zutaten:

1-2 EL Schweineschmalz (durch das Schmalz bekommt der Kohl einen besonderen Glanz),
1 kg Rotkohl (geputzt),
1 Zwiebel,
(evtl. eine kleine Kartoffel),
1/8 l Fleischbrühe (oder Wasser),
3-4 Äpfel,
1 EL Johannisbeergelee,
1 Lorbeerblatt,
Pfeffer,
Salz,
Zucker,
gemahlene Nelken,
Rotwein nach Belieben.

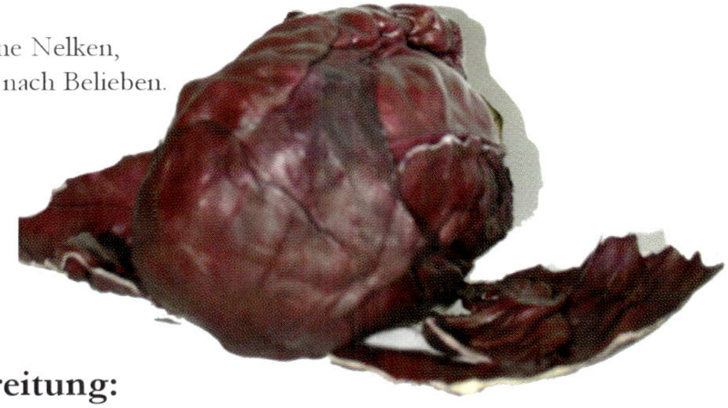

## Zubereitung:

Fett und Zwiebel im Topf zerlassen, geputzten Kohl feingeschnitten und mit den Apfelscheiben gemischt hinzugeben. Salz, Zucker, Pfeffer, gemahlene Nelken, Lorbeerblatt und 1 EL Johannisbeergelee hinzufügen. Dann alles von allen Seiten andünsten. Mit Fleischbrühe, falls vorhanden (andernfalls Wasser) und einem Schuss Rotwein auffüllen. Dann den Deckel aufsetzen und zum Kochen bringen. 35-45 Minuten auf Stufe 1 und 10 Minuten ohne Strom dünsten. Zur Bindung nach Bedarf eine kleine Kartoffel hineinreiben.

*Erika Daniel, 65321 Heidenrod-Hilgenroth*

# Schwarze Nüsse (herbsüße Beilage zu Wild)

60 unreife, noch weiche Walnüsse (in der grünen Schale) ergeben 6 Einmachgläser à 0,3 Liter.

## Zubereitung:

Die Nüsse mit einer Gabel oder dicken Nadel flächendeckend einstechen und 14 Tage lang in Wasser einlegen. Das Wasser zweimal täglich wechseln. Am 15. Tag die Nüsse in klarem Wasser einige Minuten blanchieren. Kalt abspülen und in leichtem Zuckerwasser etwa 10 Minuten kochen (2 l Wasser, 200 g Zucker). Zuckerwasser abgießen und die Nussfrüchte in kaltem Wasser auskühlen lassen. Nun 3-3,5 l Wasser mit 1500 g Zucker, 50 g Gewürznelken, 2 Zimtstangen, unbehandelter Zitronen- oder Orangenschale aufkochen, heiß über die Nüsse gießen und über Nacht auskühlen lassen. Am 16. Tag die Zuckerlösung abseihen, aufkochen, abschäumen, kalt werden lassen und über die Nüsse geben. Am 17. und 18. Tag das Ganze wiederholen. Dann die Zuckerlösung etwas einkochen lassen und die Nüsse darin mehrmals aufkochen. Sie sollten dann weich sein. Nun werden sie in die Einmachgläser gefüllt und mit dem sirupdick eingekochten Saft übergossen. Deckel drauf und kühl und dunkel lagern.

*Gerd Bauer, 65187 Wiesbaden*

# Nussspätzli

## Zutaten (für 10 Personen):

500 g Mehl,
2 TL Salz,
100 g Haselnüsse gemahlen,
6 Eier,
300 ml Milchwasser,
4 EL Petersilie gehackt,
Butterflocken.

## Zubereitung:

Mehl mit dem Salz und den Nüssen mischen, eine Vertiefung eindrücken. Eier, Milchwasser und Petersilie verrühren, mindestens 30 Minuten ausquellen lassen. Reichlich Salzwasser aufkochen, den Teig durch ein Spätzlisieb streichen oder auf ein Brett geben und direkt ins kochende Wasser schaben. Wenn die Spätzli an die Oberfläche steigen, mit einer Schaumkelle herausholen.

*Marie Louise Kretschmer, Forstamt Wiesbaden*

# Rote Grütze von frischen Waldbeeren

## Zutaten:

800 g Waldbeeren,
150 g Zucker,
75 g Sago,
Sahne.

## Zubereitung:

¾ der Waldbeeren durch ein Haarsieb streichen. Den Saft mit Wasser bis zu ¾ l auffüllen. Den Zucker hinzufügen, aufkochen und unter ständigem Rühren mit dem Schneebesen den Sago einlaufen lassen und 10-12 Minuten langsam kochen. Vom Feuer nehmen, leicht abkühlen. In Portionsschalen einige frische Waldbeeren geben und mit der flüssigen Grütze auffüllen und leicht mit feinem Zucker bestreuen, um eine Hautbildung zu verhindern. Kühl stellen und mit flüssiger Sahne servieren.

*Heidemarie Kilb, 65527 Niedernhausen*

# Waldbeerensalat mit Cognac-Eierlikör-Sauce

## Zutaten:

200 g Waldbeeren,
4 cl Cognac,
¼ l Sahne,
8 cl Eierlikör,
80 g Zucker.

## Zubereitung:

Frische Waldbeeren nach Belieben einzuckern, in Cognac marinieren. Geschlagene Sahne mit Eierlikör vermengen und die Beeren darunter heben.

*Heidemarie Kilb, 65527 Niedernhausen*

# Waldbeerensorbet

## Zutaten pro Person:

1 Tasse Waldbeeren,
2-3 EL Puderzucker.

## Zubereitung:

Waldbeeren einfrieren. Gefrorene Früchte mit Puderzucker im Mixer pürieren. Portionsweise in Gläser geben, mit Sekt auffüllen, sofort servieren. Tipp: Für Diabetiker Natreen verwenden.

*Hanni Weyershäuser, 65375 Oestrich-Winkel*

# Verschneite Waldhimbeeren

## Zutaten:

Ca. 500 g Waldhimbeeren,
2 Eiweiß,
4 EL Zucker,
2 EL Mandelsplitter,
2 Eigelb,
1 EL Stärke,
20 g Vanillin-Zucker,
2 cl Waldhimbeergeist.

## Zubereitung:

Die Waldhimbeeren waschen, gut abtropfen lassen. Das Eiweiß leicht verquirlen, nicht steif schlagen. Die Waldhimbeeren mit einem Teil des Eiweißes übergießen. Ein eingefettetes Backblech mit Alufolie auslegen und die Himbeeren darauf legen. Mit Zucker und Mandelsplittern bestreuen, leicht erwärmen. Das leicht verquirlte Eiweiß steif schlagen. Das Eigelb und den Zucker mit dem Schneebesen zu einer hellen Creme schlagen, die Stärke, Vanillin-Zucker und Waldhimbeergeist dazugeben, gut vermengen. Zum Schluss das Eiweiß hineinmischen und das Ganze mit dem Schneebesen zu einer schaumigen Creme schlagen.
Die warmen Himbeeren auf Glasschalen verteilen, die Schneecreme darüber geben und mit Mandelsplittern bestreuen.

*Jürgen Schmoll, 65307 Bad Schwalbach*

# Himbeeressig (altes Hausrezept)

Auf 4 l Himbeeren gießt man ½ l reinen Weinessig und 1 l Wasser. Über Nacht stehen lassen, dann aufkochen, erkalten lassen und durch ein Sieb schütten. Auf einen ½ l von diesem Saft nimmt man 625 g Zucker, lässt ihn aufkochen und schäumt ab. Danach in Flaschen füllen und fest verschließen.
Anstatt Essig kann man auch einen herben Weißwein verwenden. Einige Löffel von diesem Saft in 1 Glas Wasser gegeben, das ergibt ein kühlendes Getränk.

*Erika Daniel, 65321 Heidenrod-Hilgenroth*

# Hagebuttenwein

Menge für eine 15 l Korbflasche:
5 ½ Pfund Hagebutten,
9 Pfund Zucker,
11 l Wasser (Wasser vorher abkochen und erkalten lassen).

Menge für 20 l Korbflasche:
7 ¼ Pfund Hagebutten,
12 Pfund Zucker,
14 ½ l Wasser.

Hagebutten nach dem ersten Frost ernten. Stiel und Nase entfernen. In eine große Schüssel geben und 2 Hände voll Zucker darüber streuen. Zweimal über Nach stehen lassen. Danach durchkneten und mit dem abgekochten Zuckerwasser in die Korbflasche füllen. Warm stellen und bei 15-20°C vergären lassen.

*Erika Daniel, 65321 Heidenrod-Hilgenroth*

# Vogelbeergelee (Eberesche)

Die Beeren werden Ende September bis Anfang Oktober geerntet. Die entstielten und gut gewaschenen Beeren werden im Dampfentsafter entsaftet.
Den Saft abkühlen lassen.
750 ml Saft und 1 kg Gelierzucker vermischen und nach der Gelierzuckeranweisung zu Gelee kochen. Löffelprobe machen. Gegebenenfalls etwas länger kochen.
Der Gelee eignet sich hervorragend zu allen Wildgerichten, zum Verfeinern von Soßen und als Brotaufstrich.

*Josef Schilling, 65599 Dornburg*

# Tannenspitzenlikör

## Zutaten:

4-5 junge Tannenspitzen,
150 g weißen Kandiszucker,
1 Flasche Gin.

## Zubereitung:

Die hellgrünen Tannenspitzen gut waschen und in eine Flasche füllen. Kandis hinzufügen und mit Gin übergießen. Die Flasche verschließen und 2 Monate durchziehen lassen. Öfter schütteln. Nach den 2 Monaten den Likör filtern und erneut in eine Flasche füllen und fest verschließen. Die Tannenspitzen müssen vor dem 30. Mai gepflückt werden. Der Likör schmeckt je älter um so besser.

*Erika Daniel, 65321 Heidenrod-Hilgenroth*

# Trank gegen Husten (altes Hausmittel)

6 Stück Feigen, 3 Hände voll Gerste und einige Holunderblüten werden zusammen in 2 l Wasser ½ Stunde gekocht, durch ein Tuch gegossen und mit braunem Kandiszucker versüßt.

*Erika Daniel, 65321 Heidenrod-Hilgenroth*

# Holundersekt

## Zutaten:

4 l Wasser,
3-4 Zitronen,
660 g Zucker,
¼ l Essig,
6 Dolden Holunder.

## Zubereitung:

Wasser, Essig und Zucker werden gekocht und ausgekühlt. Die Zitronen schneidet man in Scheiben, gibt sie mitsamt den Holunderdolden in ein großes Glas und übergießt sie mit dem Sud. Man lässt die Flüssigkeit 1-2 Tage stehen, dann gießt man sie durch ein Haarsieb, füllt sie in Flaschen ab und verkorkt sie.
Wundern Sie sich nicht, wenn ab und zu ein Korken in die Luft geht. Nach ca. 10 Tagen ist der Sekt so weit, dass man ihn trinken kann. Ein gutes Sommergetränk.

*Erika Daniel, 65321 Heidenrod-Hilgenroth*

# Waldhessen und Kurhessisches Bergland

Die Burg Herzberg, die größte Höhenburg Hessens, wachte einst bei Breitenbach über die bedeutende historische Handelsstraße „Durch die kurzen Hessen". Die reizvolle Mittelgebirgslandschaft Waldhessens, die zum Wandern und Radfahren geradezu einlädt, wird vom Knüllgebirge, vom Richelsdorfer Gebirge, der Vorderrhön und dem Thüringer Wald bestimmt. In Dorfbackhäusern gebackenes Bauernbrot und hausgemachte „ahle Wurscht" zählen zu den bodenständigen Genüssen. Die Bad Hersfelder Festspiele sind weithin bekannt. Vier Ferienlandschaften begrenzen das Kurhessische Bergland:
Der Naturpark Habichtswald, der Kellerwald, die Ferienlandschaft Schwalm/Knüll und das Fuldatal im Nordosten. In der Schwalm, in der das Märchen „Rotkäppchen" angesiedelt ist, tragen die Frauen an Festtagen noch heute ihre Tracht. Geschichte und Tradition werden in den Fachwerkbauten der Städte und Dörfer, in den Baudenkmälern des deutschen Mittelalters und der Renaissance lebendig.

**Weitere Infos:**
*Touristik-Service Waldhessen, Friedloser Straße 6, 36251 Bad Hersfeld,*
*Telefon: 0 66 21/62 04 44, Telefax: 0 66 21/62 04 45*
*E-Mail: waldhessen@t-online.de*
*Internet: www.waldhessen.de*
*Touristik Service Kurhessisches Bergland e.V., Parkstraße 6, 34576 Homberg (Efze), Tel.: 0 56 81 / 77 54 80, Fax.: 0 56 81 / 71 06 14,*
*E-Mail: khb@schwalm-eder-kreis.de.*
*Internet: www.kurhessisches-bergland.de*

# Rotkohlrouladen mit Wildfüllung

## Zutaten:

1 großer Rotkohl,
500 g Wildfleisch aus der Keule,
200 g Pfifferlinge,
100 g fetter Räucherspeck,
1 Zwiebel,
1 Ei,
2 EL Paniermehl,
1 Msp. gemahlener Piment,
125 ml trockener Rotwein,
250 ml Wildfond,
1 EL Preiselbeerkonfitüre,
2 EL Creme fraiche.

## Zubereitung:

Kohlkopf putzen, 5 Minuten in kochendem Salzwasser vorgaren. Herausheben und 8 große Blätter ablösen. Das Wildfleisch durch den Fleischwolf drehen. Geputzte Pfifferlinge, Speck und geschälte Zwiebel würfeln, glasig braten. Die Pilze dazugeben und bei starker Hitze mit anbraten. Etwas abkühlen lassen, dann mit Ei und Paniermehl zum Wildhack geben. Mischen und würzen. Den Backofen auf 200°C vorheizen. Die Blätter ausbreiten, dickere Mittelrippen glatt schneiden und jeweils etwas von der Farce darauf geben. Die Blätter seitlich einschlagen, aufrollen und mit Baumwollfaden umwickeln. Das Öl in einem feuerfesten Topf erhitzen, die Rouladen darin bei starker Hitze rundherum anbraten. Mit Essig und Rotwein ablöschen und zugedeckt auf der mittleren Schiene ca. 35 Minuten garen, zwischendurch mit dem Wildfond begießen. Die Rotkohlwickel herausnehmen und warm stellen. Den Bratfond mit Preiselbeeren und Creme fraiche verrühren und sämig einkochen lassen.

*Marianne Homberger, 34582 Borken*

# Hasenpfeffer

## Zubereitung:

Man verwendet die Vorderkeule, Bauchstück, Kopf, Herz, Leber und Nieren. Wird der Pfeffer nicht am selben Tag gemacht, so kann man die Teile in eine Essigmarinade legen.
Der Pfeffer wird in kleine Stücke geschnitten, nach Belieben kann man auch etwas Schweinefleisch, ebenfalls in Stücken, dazu tun. Die Essigmarinade lässt man zum Kochen kommen, gibt den Pfeffer und das Fleisch hinein und lässt es gar kochen. Dann macht man von 60 g Fett und 60 g Mehl eine braune Mehlschwitze, verrührt sie mit der Sauce und lässt dies ½ Stunde kochen. Dann gibt man den Hasenpfeffer hinein und lässt ihn gut heiß werden und schmeckt ihn mit Salz und Pfeffer ab.

*Waltraud Reese-Rink, 34621 Frielendorf*

# Geschnetzeltes vom Reh in feiner Senfsoße

## Zutaten:

750-100 g ausgelöster Rehrücken (auch junges Dam- und Rotwild),
Butter und Öl zum Braten, gemischt,
12 Schalotten,
3 EL scharfer Senf,
½ TL Paprika,
Thymian,
Salz und grober Pfeffer,
1 Tasse Wildfond oder Brühe,
4 EL kalte Butter.

## Zubereitung:

Den Rehrücken in etwa 1 cm feine Scheiben schneiden, in Butter und Öl anbraten, mit Brühe aufgießen und fertig braten. Die Schalotten blanchieren und in die Fleischpfanne geben, die Soße mit Senf und Gewürzen abschmecken.
Zum Schluss 4 EL kalte Butter unterschlagen. Beilage: Spätzle oder Schupfnudeln, grüne Bohnen im Speckmantel oder Rosenkohl.

*Werner Rehwald, 36199 Rotenburg/Fulda*

# Kaninchen à la Waldhessen

## Zutaten:

1 küchenfertiges Kaninchen von ca. 1,3-1,5 kg,
200 g geräucherter Bauchspeck,
1 große Zwiebel,
1 Knoblauchzehe (nach Belieben),
3 EL Butter,
1 gestrichener EL Mehl,
0,2 l Weißwein,
etwas Weinessig,
1 Msp. geriebene Muskatnuss,
1 Msp. gemahlener Kümmel,
Salz, Pfeffer und Koriander,
2 Eigelb,
1 Becher Sahne oder Schmand.

## Zubereitung:

Das Kaninchen in Portionsstücke schneiden, den Bauchspeck grob würfeln. Zwiebel und Knoblauch schälen, fein hacken.
Die Butter in einem Topf zerlassen, die Kaninchenstücke darin anbraten. Den Speck dazu geben und alles gut bräunen lassen. Mehl darüber streuen und mit Essig und Wein ablöschen. Gewürze und die Zwiebel in den Topf geben und Knoblauch nach Belieben dazu pressen.
Den Topf schließen und das Kaninchen ca. 70 Minuten bei geringer Hitze garen lassen. Die Fleischstücke auf einer Platte herrichten.
Die Soße mit Sahne und Eigelb binden und über das Fleisch gießen.
Dazu passen Semmelknödel oder Kroketten und ein Dornfelder Rotwein.

*Karl-Herbert Hoßfeld, 36282 Hauneck*

# „Atzung“ für den Jägerstammtisch

## Zutaten (für ca. 15 Personen):

2-3 Dosen Weinsauerkraut,
2,5 kg gemischtes Wildbret (Sau, Hirsch, Reh),
1 kg Räucherspeck,
4 EL Olivenöl,
2 Zwiebeln,
1 Dose Steinpilze,
200 ml Rotwein,
Pfefferkörner,
Wacholderkörner,
3-4 Lorbeerblätter,
1 EL Honig,
Pfeffer und Salz

## Zubereitung:

Das Sauerkraut mit den Pilzen im Topf kochen.
Das Wildbret in Stücke schneiden, das Olivenöl erhitzen, das Fleisch mit den Pfeffer- und Wacholderkörnern anbraten. Lorbeerblätter und die gewürfelten Zwiebeln dazugeben mit Salz und Pfeffer abschmecken, mit Wasser angießen und gar kochen. Danach zu dem Sauerkraut geben und alles bei mäßiger Hitze 90 Minuten kochen lassen. Öfters mal umrühren, damit die „Atzung“ nicht anbrennt. Jetzt den klein gewürfelten Räucherspeck in das Sauerkraut geben, umrühren, nochmals mit Salz und Pfeffer abschmecken, den Rotwein nach und nach beigießen, einen Löffel Honig einrühren, und alles wird noch einmal 30-40 Minuten gekocht. Ein gutes Stück Brot (Land- oder Bauernbrot) ist die geeignete Beilage, natürlich darf ein gutes Pils oder Hefeweizen nicht fehlen.

*Karl-Herbert Hoßfeld, 36282 Hauneck*

# Schweinebraten – Wild

## Zutaten:

Wildschweinrücken, -keule oder -blatt,
100-125 g Butter oder Schmalz,
½ - ¾ l Rotwein,
1 TL getrockneter Thymian,
1 Apfel,
2 Lorbeerblätter,
1 EL Wacholderbeeren,
1 Msp. Zucker,
1 Zwiebel,
5 Körner Pfeffer,
5 Körner Piment,
2 Nelken,
1 Kräuterbündel, Salz,
1 Prise Nelken,
1 Prise Zimt,
2 EL Johannisbeergelee,
1 TL Mehl,
1 Zitrone,
1 Tasse geriebenes Vollkornbrot,
etwas Wasser.

## Zubereitung:

Sie lösen die Haut vom Rücken, reiben das Fleisch mit getrocknetem Thymian ein und legen es mit einer Zwiebel, etlichen zerquetschten Wacholderbeeren, einem Kräuterbündchen, einem geschälten, geviertelten Apfel, einem Stückchen Zitronenschale, Lorbeerblättern, Pfeffer- und Pimentkörnern und Nelken für 3-5 Tage in Rotwein. Dann geben Sie den Rücken gut abgetrocknet und mit Salz bestreut in die Bratpfanne in siedende Butter, begießen damit das Fleisch über und über und schieben ihn zugedeckt ins vorgeheizte Rohr. Die Hitze soll – weil die Garzeit 2 ½ - 3 Stunden dauert – nur mäßig sein (Stufe II oder 180-200°C). Der Braten muss fleißig und nach und nach mit der Rotweinbeize begossen werden. Nach 2-2 ½ Stunden verrühren Sie 1 Tasse geriebenes Schwarzbrot (am besten Vollkornbrot) mit 2 EL geschmolzener Butter, 2 EL Johannisbeergelee, 1 Prise Zimt, 1 Prise Nelken, etwas geriebener Zitronenschale, etwas Salz und einer Messerspitze Zucker, drücken dieses Gemisch gleichmäßig verteilt auf das Fleisch und schieben den Braten zum Überkrusten noch auf ½ Stunde in den Ofen. Die Sauce binden Sie mit 1 TL in Wasser verrührtem Mehl, säuern sie mit Zitronensaft und streichen sie durch ein Sieb in die Sauciere. Beliebt sind zu Wildschweinbraten auch eine Cumberland-Sauce oder Preiselbeer-Meerrettich. Beilage: Kartoffelknödel.

*Marlies Wagner, 34593 Knüllwald-Remsfeld*

# Rehrücken in Kräuterkruste mit Ratatouille und Olivenkartoffeln

## Zutaten:

600 g Rehrücken (küchenfertig),
2 Thymianzweige,
2 Rosmarinzweige,
Schnittlauch,
Knoblauch,
Olivenöl,
Paniermehl,
1 Ei,
Salz,
Pfeffer.

## Zubereitung:

20 g Olivenöl mit dem Ei, 3 EL Paniermehl, gezupftem Thymian und Rosmarin, Schnittlauch und 2 gepressten Knoblauchzehen vermengen. Mit Salz und Pfeffer abschmecken. Das Fleisch mit Salz und Pfeffer würzen und in heißem Olivenöl kurz anbraten. In eine feuerfeste Form legen und mit Kräutermasse bestreichen. Im vorgeheizten Backofen bei ca. 180°C Oberhitze ca. 40 Minuten garen.

## Zutaten Ratatouille:

2 Auberginen,
1 gelbe Zucchini,
1 grüne Zucchini,
3 bunte Paprikaschoten,
3 Tomaten,
3 Zwiebeln,
2 Knoblauchzehen,
Basilikum,
2 EL Tomatenmark,
Olivenöl,
Salz und Pfeffer.

## Zubereitung:

Das Gemüse in Würfel schneiden, Olivenöl in einer Pfanne erhitzen und das Gemüse darin anbraten. Das Tomatenmark zugeben und kurz mitrösten, bei Bedarf etwas Flüssigkeit zugeben. Am Schluss Knoblauch, Tomaten und gezupftes Basilikum zugeben. Mit Salz und Pfeffer abschmecken.

## Zutaten Olivenkartoffeln:

1-2 kg Kartoffeln,
Zwiebeln,
100 g Oliven ohne Stein,
Salz und Pfeffer.

## Zubereitung:

Kartoffeln schälen und in 2 cm große Würfel schneiden. Im kochenden Salzwasser ca. 5-6 Minuten blanchieren und abgießen. In einer Pfanne die Zwiebelwürfel mit Olivenöl andünsten und die Kartoffeln und Oliven dazugeben und abschmecken.

*Karin Hoßfeld, 36282 Hauneck*

# Speckpfifferlinge

## Zutaten (für 6 Personen):

1,5 kg Frischlingskeule,
1 Rosmarinzweig,
50 g grob gewürfelte Zwiebeln,
10 Wacholderbeeren,
½ l Rotwein,
Salz, weißer Pfeffer,
30 g Butterschmalz,
100 g durchwachsener Speck in Scheiben,
20-50 g Pfefferkuchen,
80 g Creme fraiche,
50 g kalte Butter.

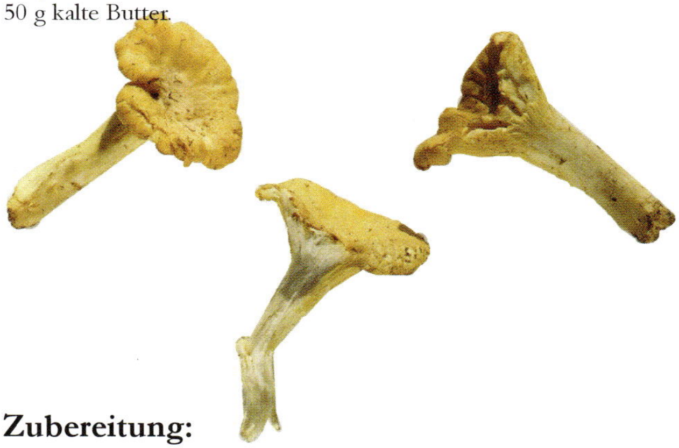

## Zubereitung:

Den Speck würfeln und kross anbraten. Die Zwiebeln in Scheiben schneiden und die Pfifferlinge zugeben, gut mit dem Speck mischen, bei mittlerer Hitze 5 Minuten braten, salzen, pfeffern und zur Frischlingskeule servieren.

*Sabine Bergander, 36289 Friedewald-Motzfeld*

# Orangencreme mit Früchten

## Zutaten:

1 Orange,
100 g blaue Weintrauben,
75 g Sauerkirschen (Glas),
4 cl Orangenlikör,
6 Blatt weiße Gelatine,
½ l Orangensaft,
Saft einer Zitrone,
4-5 EL Zucker,
¼ l Sahne,
1 Päcken Vanillezucker.

## Zubereitung:

Orange schälen, sorgfältig die weiße Haut entfernen, in Stücke schneiden. Trauben waschen, halbieren, entkernen. Kirschen abtropfen lassen. Die Früchte mischen und mit Likör beträufeln. Einige Früchte zum Garnieren zurücklassen.
Gelatine in kaltem Wasser einweichen. 1/8 l Orangensaft erwärmen, Zucker hineinrühren, damit er sich auflöst. Ausgedrückte Gelatine darin auflösen, Orangen- und Zitronensaft dazugeben, alles abkühlen lassen.
Früchte unterheben.
Sahne mit Vanillezucker steif schlagen. Wenn die Speise anfängt zu gelieren (d.h. wenn man eine „Straße“ ziehen kann), die Hälfte der Sahne unterziehen. Die Speise in Gläsern fest werden lassen, mit Sahne und Früchten garnieren

# Pflaumengrütze

## Zutaten:

750 g Pflaumen,
¼ l Apfelsaft,
Saft und Schale einer unbehandelten Zitrone,
1 Zimtstange,
1 Nelke,
125 g Zucker,
35 g Mondamin.

## Zubereitung:

Gewaschene Pflaumen entkernen, mit Apfelsaft, Wasser, Zitronensaft, 1 Spirale Zitronenschale, Zimt und Nelke aufkochen. Die Kochplatte ausschalten und die Pflaumen im geschlossenen Topf garziehen lassen, bis sie leicht zerfallen.
Mit Zucker süßen, mit in Wasser angerührtem Mondamin binden. In eine Glasschüssel füllen und kalt stellen. Mit flüssiger Sahne oder Vanillesoße servieren.

# Kasseler Land und Region Werra-Meißner

Kunst und Kultur lassen sich in Kassel mit Wilhelmshöhe, Herkules und Documenta, in der Barockstadt Bad Karlshafen, im Rokokoschloss Wilhelmsthal erleben. An Fulda und Diemel sind Radwandern, Angeln und Kanusport angesagt. Der Naturpark Habichtswald geht allmählich ins Wolfhagener Land über. In der märchenhaften Landschaft von Werra und Meißner sind Wanderungen zu jeder Jahreszeit ein Erlebnis. Der als Hausberg von Frau Holle bekannte Hohe Meißner (754 Meter) war bereits 1913 Ausgangspunkt der deutschen Jugendbewegung. Von hier aus kann man weit ins Land sehen, bis hin zum Inselsberg im Thüringer Wald, dem Brocken im Harz und dem Habichtswald bei Kassel. Im Winter lockt der Hohe Meißner mit Skiliften, gespurten Loipen, Abfahrtsstrecken und Sprungschanzen.
**Weitere Infos**: *Region Kassel-Land e. V., Touristik und Regionalentwicklung, Bahnhofstraße 26, 34369 Hofgeismar, Telefon: 0 56 71 / 50 75 30, Telefax: 0 56 71 / 50 75 31, E-Mail: info@region-kassel-land.de Internet: www.kassel-land.de Werra-Meißner Touristik e.V., Werra-Meißner-Land e. V., Niederhoner Straße 54, 37269 Eschwege. Telefon: 05651/99233-0, Telefax: 05651/99233-9; E-Mail: info@tourismus-team.de, Internet: www.werra-meissner-touristik.de*

# Hasenrückenfilets auf Steinpilzrahm

## Zutaten:

4 küchenfertige Hasenrückenfilets,
1 TL Wacholderbeeren,
Pfeffer aus der Mühle,
3 EL Butterschmalz,
Prise Salz,
75 g durchwachsener, geräucherter Speck,
1 Zwiebel,
300 g Steinpilze,
1 Schuss Rotwein,
¼ l gebundene Wildsauce,
1 Becher Sahne,
1 Becher Creme fraiche,
2 EL Orangengelee,
2 EL Obstessig,
4 cl Orangenlikör,
Kräuterzweige und Orangenscheiben zum Garnieren.

## Zubereitung:

Die Hasenfilets waschen, trocknen.
Die Wacholderbeeren schroten und die Filets damit einreiben, mit Pfeffer würzen. Das Butterschmalz in einer Pfanne erhitzen, die Hasenfilets darin nach Geschmack medium oder durchbraten, salzen, herausnehmen und warm stellen.
Den Speck in Würfel schneiden, ins Bratfett geben und auslassen. Die Zwiebel schälen, fein hacken, zum Speck geben und kurz anbraten. Die Steinpilze waschen, abtropfen lassen, in Scheiben schneiden, zu den Speckzwiebeln geben und kurz mitschwitzen. Mit Rotwein ablöschen, die Wildsauce angießen und das Ganze bei starker Hitze einreduzieren lassen. Die Sahne und die Creme fraiche mit dem Orangengelee einrühren, kurz einreduzieren. Die Sauce mit Obstessig und Orangenlikör verfeinern, auf dem Teller anrichten. Die Hasenfilets in Scheiben schneiden und drauflegen. Mit Kräuterzweigen und Orangenscheiben ausgarnieren. Mit Kartoffelgnocchi servieren.

*Hans-Jürgen Nagel, 34359 Reinhardshagen*

# Rehrücken-Filet in Sahnesauce

## Zutaten:

1 Rehrücken,
Salz, Pfeffer, Wildgewürz,
ca. ¼ l Olivenöl,
1 Knoblauchzehe,
1 Zwiebel,
10 Pfefferkörner,
1 Beutel Pfifferlingsoße,
1-2 Becher süße Sahne,
200 g Pilze.

## Zubereitung:

Rehrücken auslösen – in ca. 3 cm dicke Scheiben schneiden.
In eine Auflaufform legen, Olivenöl, Knoblauchzehe, Pfefferkörner und Zwiebel dazugeben. Zugedeckt ca. 12 Stunden kühl stellen, evtl. einmal wenden. Am nächsten Tag das Fleisch kurz in der Pfanne anbraten (dazu das Öl von der Marinade nehmen). Von beiden Seiten ca. 1-2 Minuten anbraten. Leicht salzen und mit Wildgewürz bestreuen. In eine Auflaufform geben. Ein Beutel Pfifferling-Rahmsoße mit Wildbrühe aufkochen und über die Medaillons geben. Dazu noch 1 süße Sahne. In den Backofen schieben und noch ca. 30-45 Minuten bei 180°C backen, ab und zu wenden. Die Medaillons müssen immer etwas bedeckt sein. Wenn nötig, noch mit Sahne oder Brühe auffüllen. Nach etwa 20 Minuten Backzeit frische Pfifferlinge oder gefrorene Pilzmischung dazugeben. Wenn das Fleisch weich ist, kann sofort serviert werden. Am besten gleich in der Form. Beilage: Spätzle oder Klöße. Gemüse: Rotkohl oder Rosenkohl mit gebräunten Mandeln überstreut. Wildbrühe: Den ausgelösten Rückenknochen mit einem Bund Suppengemüse aufsetzen, mit Salz abschmecken.

*Anneliese Kohl, 34632 Jesberg*

# Medaillons vom Wildschweinrücken

## Zutaten:

1,5-2 kg ausgelöster Wildschweinrücken,
ca. 20 dünne Scheiben durchwachsener Frühstücksspeck,
2-3 klein gehackte Zwiebeln,
Sonnenblumen- und Olivenöl,
Salz, Pfeffer, Wildgewürz oder Kräuter der Provence,
nach Belieben Tabasco, süßer Senf, etwas Ketchup,
ca. 250 g Schmand oder Creme fraiche,
200 g süße Sahne,
heißes Wasser,
falls gewünscht, Pilze:

## Zubereitung:

Den entbeinten, gut gesäuberten und gehäuteten Wildschweinrücken mit Küchenkrepp trocknen, in etwa 2-3 cm dicke Scheiben schneiden, die Scheiben auf gleiche Dicke flach drücken.
Jede Scheibe von beiden Seiten mit den o.g. Gewürzen nach Wunsch und Geschmack einreiben (Vorsicht, nach Möglichkeit kein Salz, da der Speck salzig ist, und nur einen kleinen Tropfen Tabasco), mit einigen Tropfen Olivenöl beträufeln und einer dünnen Scheibe Frühstücksspeck umwickeln, einige Stunden ruhen lassen.
Sonnenblumenöl in einer großen Deckelpfanne erhitzen, Medaillons von beiden Seiten in offener Pfanne knusprig braun braten, dann fein gehackte Zwiebeln zugeben und bräunen, mit Sahne und Creme fraiche ablöschen, braun werden lassen, kochendes Wasser am Rand zugießen und bei kleinem Feuer mit geschlossenem Deckel bis zur gewünschten Zartheit garen, etwa eine Stunde. Kann immer wieder aufgewärmt werden. Fleischstücke oft wenden oder begießen, dass sie nicht trocken werden. Kurz vor dem Servieren nach Belieben etwas Senf und wenig Ketchup in die Soße rühren, vielleicht noch Sahne oder Schmand einrühren, nachwürzen, abschmecken und Pilze zufügen oder Pilze extra braten und dazu reichen. Dazu schmecken kleine frische Kartoffeln oder Baguette, Pilze oder Prinzessböhnchen, gebratene Apfelringe und Preiselbeeren.

*Maria Wadsack, 34289 Zierenberg*

# Grillspieße vom Wildschwein

## Zutaten:

1-2 kg zarte Wildschweinfleischstücke.

Für die Marinade:
Ca. 3 Zwiebeln und
3 Knoblauchzehen und
Petersilie, fein hacken,
mit Salz, Pfeffer, Tabasco, Kräuter der Provence würzen und in
2-3 Tassen Öl geben.

## Zubereitung:

Das gut abgehangene Wildschweinfleisch aus Keule, Blatt oder Hals von allen Häuten, Sehnen und Weiß säubern und in 2-3 cm Würfel schneiden. Etwa 24 Stunden bis zu 2 Tagen in die Marinade einlegen, sodass alle Stückchen bedeckt sind, und kühl stellen.
4-5 Würfel pro Spieß auf gut heißem Grillfeuer von allen Seiten knusprig braun grillen, sie dürfen innen rosa sein, sonst wird das Fleisch zu trocken. Zu Salaten, Dips und Knoblauch- oder Kräuterbaguette reichen.

*Maria Wadsack, 34289 Zierenberg*

# Hirschpanadas nach hessischer Art

(dies ist auch mit Wildschwein möglich)

## Zutaten:

1 kg Hirschfleisch
(entbeint und entsehnt) in Würfel,
4 cl Cognac,
1 Msp. Neunerleigewürz,
¼ TL groben Pfeffer,
1 Msp. Zucker,
¼ TL Salz,
150 g Sahne,
3 Eigelb,
3 Schalotten,
1 große Karotte,
½ Stück Sellerie,
200 g Butter,
3 Birnen,
100 g gehackte Mandeln.

## Nudelteigzubereitung:

500 g Maismehl,
1 Prise Salz,
1 Prise Muskat,
5 Vollei,
1 EL Öl,
wenig Wasser nach Bedarf.
Den Nudelteig knetet man so lange, bis er sich von der Schüssel löst, danach wird er ca. 1 Stunde kalt gestellt.

## Zubereitung:

Einen Tag vorher würzt man das Fleisch mit allen Gewürzen, außer dem Eigelb und der Sahne, und stellt es über Nacht in den Kühlschrank, wobei alles grob gewürfelt ist. Am nächsten Tag wird das Gemisch durch die große Scheibe des Fleischwolfes gedreht, danach mit dem Eigelb und der leicht angeschlagenen Sahne vermengt und wieder kalt gestellt. Als nächstes rollt man den Nudelteig aus und sticht ca. suppentassengroße runde Stücke aus. Einen großen Topf mit Salzwasser zum Kochen bringen. Die ausgestochenen Teigstücke an den Rändern mit kaltem Wasser bestreichen und ca. 1 EL gehäufte Fleischmasse in die Mitte füllen, zusammenklappen und die Ränder mit einer Gabel andrücken. Nun die fertigen Teigtaschen in das Salzwasser geben, aber immer nur so viel, dass sie gut schwimmen können. Ca. 5-8 Minuten kochen, mit einer Schaumkelle herausnehmen, abtropfen lassen und in einer Pfanne mit schäumender Butter, gehackten Mandeln und Birnenstücken anschwenken. (Es kann auch mit Soße serviert werden.) Sofort heiß servieren.

*Bernd Ellmerich, 35088 Battenberg*

# Entenbrust mit Honig glasiert

## Zutaten (für 6 Personen):

1 Entenbrust,
Pfeffer,
Salz,
Thymian,
1 TL Honig,
1 Schnapsglas Portwein,
Tamarillos oder Preiselbeeren,
Salbei.

## Zubereitung:

Fett der Brust an den Rändern abschneiden und in der Pfanne gut ausbraten.
Entenbrust rautenförmig vorsichtig einschneiden und mit Thymian, Pfeffer und Salz von allen Seiten würzen.
Entenbrust mit der Fettseite ca. 8 Minuten in dem vorher ausgelassenen Fett braten, umdrehen und Unterseite auch anbraten. Brust aus der Pfanne nehmen und in dünne Scheiben schneiden.
Den Soßenfond ablöschen mit dem Portwein, Honig und Gewürze zufügen und hiermit die geschnittene Brust übergießen. Im Grill des Backofens ca. 2 Minuten bräunen und ausgarnieren mit Salbei und Tamarillos.

*Irmgard Viereck, 34225 Baunatal*

# Lauchzwiebelgemüse mit hellen und roten Weintrauben

## Zutaten (für 6 Personen):

5 Bund Lauchzwiebeln,
200 g helle kernlose Trauben,
200 g blaue Trauben,
1 rote scharfe Peperoni,
gekörnte Gemüsebrühe,
1 TL Butter,
Pfeffer und Salz.

## Zubereitung:

Lauchzwiebeln in gleich große Stücke schneiden und in Butter glasig dünsten.
Helle und rote Trauben kurz mitdünsten und mit Pfeffer, Salz und etwas gekörnter Gemüsebrühe abschmecken.
Ausgarniert mit roter und dünn geschnittener Peperoni servieren.
Dieses Gemüse passt sehr gut zu Wildschweinkeule oder auch zum Hirschbraten.

# Apfelsalat mit Preiselbeeren

## Zutaten (für 6 Personen):

5 Äpfel (Boskop),
250 ml Sahne,
4 EL Preiselbeeren (geliert),
Saft von 1 Zitrone.

## Zubereitung:

Äpfelkerngehäuse entfernen und schälen, in kleine Stücke schneiden und mit dem Saft von der Zitrone begießen.
Sahne steif schlagen, gelierte Preiselbeeren unterheben und die Apfelstücke unterheben. Passt sehr gut als Beilage zu allen Wildgerichten.

*Irmgard Viereck, 34225 Baunatal*

# Wildbrühe

## Zutaten:

2 kg Knochen vom Wild, kleingesägt,
2 Zwiebeln,
2 Knoblauchzehen,
1 kl. St. Sellerie,
1 Lauchstange,
1 EL Wacholderbeeren,
1 TL Pimentkörner,
1 TL Pfefferkörner,
2 Lorbeerblätter,
1 Msp. Kardamon,
1 Msp. Muskatblüte und gemahlener Kümmel,
1 kleine Zimtstange,
Salz,
Butterschmalz zum Anbraten. (Wenn Mark in den Knochen ist, rauspulen und zur Seite stellen.)

## Zubereitung:

Butterschmalz in einem großen, breiten Topf erhitzen. Knochen nach und nach schön anbräunen, herausnehmen. Dann das kleingeschnittene Gemüse in dem Fett anbraten. Die Gewürze, außer Salz, dazugeben und anschwitzen. Knochen dazugeben, mit Wasser auffüllen, bis alles bedeckt ist. Ca. 4-6 l Wasser und 2-3 EL Salz. Bei großer Hitze zum Kochen bringen. Bitte nur einmal aufkochen lassen und dann bei kleiner Hitze, Brühe darf wirklich nur ab und zu blubbern. 3-3 ½ Stunden köcheln lassen. Über Nacht abkühlen lassen. Kalte Fettschicht entfernen. Brühe durch ein Haarsieb geben (Baumwoll- oder Leinentuch einlegen, dann erhalten Sie eine super klare Wildbrühe).
Brühe mit Salz abschmecken. Knochenmark auslassen. Mit Eiern, Paniermehl, Salz, Pfeffer, Petersilie und ganz klein gewiegtem Steinpilz zu einer Markklößchenmasse verarbeiten.

*M. Gerold, 34454 Bad Arolsen*

# Waldecker Land

Das Waldecker Land zeichnet sich durch große Waldgebiete, eine ausgedehnte Seenlandschaft - hier der Edersee - und viele Freizeitmöglichkeiten aus. Diese vielen Facetten machen die Region zwischen Diemelstadt im Norden und Frankenberg im Süden zum beliebten Feriengebiet. Der 2004 eingerichtete Buchen-Nationalpark Kellerwald-Edersee verzeichnete schon bald zahlreiche Besucher. Wanderer können zu Fuß oder auf dem Rad den natürlichen Charme des Waldecker Landes auf sich wirken lassen. Maritim-sportliche Freizeitgestaltung bieten Twistesee, Edersee und Diemelsee. Skiläufer kommen durch das gut ausgebaute Loipennetz sowie die anspruchsvollen Pisten für Alpinisten und Snowboardfahrer in Willingen voll auf ihre Kosten. Aber auch kulturelle Leckerbissen hat das Waldecker Land zu bieten wie die historische Altstadt von Korbach, das Barockschloss in Bad Arolsen oder das altehrwürdige Frankenberger Rathaus.

**Weitere Infos:**

*Touristik Service Waldeck-Ederbergland GmbH, Südring 2, 34497 Korbach, Tel. (05631) 954-359, Fax: (05631) 954-378,*
*E-Mail: info@waldecker-land.de,*
*Internet: www.waldecker-land.de*

# Wildfleisch zum Grillen

## Zutaten:

Fleischscheiben von Rücken, Keule oder ausgelöstem Blatt, ca. 2 cm dick schneiden.
Marinade:
Ca. 1/4 l Olivenöl,
1 Schuss guter Cognac oder Calvados,
grober Pfeffer aus der Mühle,
frischer Thymian, Salbei, Petersilie,
Basilikum, Oregano (je nach Geschmack).
Alles mit einem Mixer gut aufschlagen.

## Zubereitung:

Das Fleisch in eine flache Wanne oder Form legen und mit der Olivencreme gut bestreichen. Mit Folie oder Deckel abdecken und einige Stunden oder über Nacht im Kühlschrank ziehen lassen. Mit der Marinade grillen oder braten. Evtl. nachsalzen.

*M. Gerold, 34454 Bad Arolsen*

# Filetsteak oder Rückensteak mit Pilzen

## Zutaten:

Wildfilets oder ausgelöster Rücken, ca. 1000 g,
frisch gemahlener schwarzer Pfeffer,
Olivenöl,
1 große Zwiebel,
1-2 Knoblauchzehen,
500 g frische oder tiefgefrorene Pilze (Pfifferlinge, Champignons, Steinpilze oder fertige Mischung),
2 Becher süße Sahne,
2 Zweige Thymian,
1 TL Gemüsebrühe Instant,
2 EL Preiselbeeren oder Wildfrüchte wie Himbeeren, Brombeeren, Cranberries (im guten Laden).

## Zubereitung:

Fleisch in 3-4 cm dicke Scheiben schneiden, pfeffern und in der heißen Pfanne im Öl von jeder Seite ca. 3-4 Minuten braten. Anbraten mit voller Hitze, dann bei mittlerer. In der Zwischenzeit Zwiebeln schälen, in Scheiben schneiden, Knoblauch schälen und durchpressen oder sehr klein schneiden. Pilze putzen und klein oder in Scheiben schneiden. Fleisch aus der Pfanne nehmen und abgedeckt in einer Form in den warmen Backofen (120°C) geben. Zwiebeln und Knoblauch in den Bratenfond geben und anbräunen, Pilze unter Wenden dazugeben, auch anbräunen. Mit der Sahne ablöschen und mit der Gemüsebrühe würzen. Mit Pfeffer abschmecken. Die Steaks anrichten, die Soße dazugeben und mit den Früchten garnieren. Dazu passt Feld- oder Ruccolasalat mit einer Orangenvinaigrette oder einfach mit Preiselbeeren oder Himbeeren.

*M. Gerold, 34454 Bad Arolsen*

# Feiner Jägertopf

## Zutaten:

500 g Wildfleisch,
50 g durchwachsener Speck,
200 g Zwiebeln,
500 g Pfifferlinge,
400 g Kartoffeln,
200 g Möhren,
1 EL Butter,
1 Msp. weißer Pfeffer,
1 TL Salz,
¼ l Fleischbrühe.

## Zubereitung:

Das Fleisch von allen anhängenden Häutchen und Sehnen befreien und in nicht zu kleine Würfel schneiden. Den Speck fein würfeln. Die Zwiebeln schälen und ebenfalls fein würfeln. Die Pilze putzen, waschen, große Pilze halbieren, kleine im ganzen lassen. Die Kartoffeln und die Möhren schälen und in Scheiben schneiden.
Die Butter in einer feuerfesten Form zerlassen. Die Speckwürfel darin ausbraten, die Fleisch- und die Zwiebelwürfel zugeben und unter Umwenden kräftig anbraten.
Den Pfeffer, das Salz, die Pilze, die Kartoffeln und die Möhren mit dem Fleisch mischen, die Fleischbrühe darüber gießen und alles zugedeckt 1 Stunde im Backofen garen bei 220°C.

*Peter Engel, 35066 Frankenberg*

# Curts leckerer Brate wilden Sau (Blatt o

## Zubereitung:

1 kg Blatt oder Keule mit Pfeffer würzen
1 Möhre der Länge nach vierteln,
1 Stück Sellerie und 1-2 Zwiebeln halbieren, extra anbra
dann zufügen.
Nach dem Anbraten mit Salz würzen.
1-2 Lorbeerblätter und 8 Wacholderbeeren zufügen.
Ca. ½ l Wasser oder Brühe (je nach gewünschter Soßenmenge) und 1/8 l trockenen Rotwein (gibt es auch in 0,33 l Flaschen zu kaufen) auffüllen.
Etwa 1-1 ½ Stunden garen lassen. Wenn der Braten gar ist, das Gemüse herausnehmen.
Mit Salz, Pfeffer, Zitronenpfeffer, evtl. ¼ TL süßem Paprika, 2-3 EL Preiselbeergelee und einem Stich Butter abschmecken,
100 g Schmand mit etwas Rotwein und 1-2 EL Mehl verrühren und die Soße andicken.

## Beilage:

Thüringer Klöße oder Salzkartoffeln, Thüringer Rotkraut und ein Gläschen Rotwein (kann auch ein Fläschchen sein).

*Curt Frank, 34270 Schauenburg-Hoof*

# suppe

## Zutaten:

1 kg Reh- oder auch Hirschkeule,
1 Bund Suppenkraut,
1 Zwiebel,
4 EL Öl,
1 Lorbeerblatt,
3/8 l Fleischbrühe,
¾ l Rotwein (trocken),
Salz,
Pfeffer,
Cayennepfeffer,
¼ TL Basilikum,
¼ l Schlagsahne,
3 Gläschen trockener Sherry (6 cl).

## Zubereitung:

Das Wildfleisch waschen, abtrocknen und in Öl rundherum anbraten. Suppenkraut putzen, waschen und klein schneiden, Zwiebel würfeln. Die Hälfte des Suppenkrauts und die Zwiebelwürfel mitdünsten. Lorbeerblatt, Brühe und Wein zugeben. Mit Salz, Pfeffer, Cayennepfeffer und Basilikum würzen. Zugedeckt bei schwacher Hitze eine Stunde garen. Das Fleisch aus der Brühe nehmen, vom Knochen lösen und würfeln. Die Brühe mit dem Suppenkraut durch ein Sieb streichen, aufkochen und das restliche Suppenkraut darin 15 Minuten garen. Sahne und Sherry zugeben. Die Wildsuppe noch einmal kräftig würzen und das Fleisch hineingeben (1 ½ Stunden). Beilage: Roggenbrot, französisches Baguette, Ciabatta. Getränk: Cabernet-Sauvignon-Merlot oder Spätburgunder.

*Volker Reiff, 35415 Pohlheim*

# Zwiebelsuppe mit Wildschweinfleisch

## Zutaten:

1 Stück Fleisch mit Knochen (z.B. Schulterblatt Überläufer ca. 300-400 g),
1/16 l Weißwein,
4 Wacholderbeeren,
2 Pfefferkörner,
2 Nelken,
1 Lorbeerblatt,
Handvoll gehackte Petersilie,
1 Prise Thymian,
200 g Gemüsezwiebeln (geschält, in Scheiben geschnitten),
Schweineschmalz oder Margarine,
½ Gemüsebrühwürfel,
¾ l Wasser,
50 g Weißbrot, etwas Butter,
30 g Hartkäse,
Salz, Pfeffer.

## Zubereitung:

Im gewässerten Tontopf Fleisch auftauen lassen, mit Weißwein übergießen. Petersilie, Lorbeerblatt, Wacholderbeeren, Pfefferkörner, Nelken und Thymian dazugeben. Über Nacht ziehen lasen, dabei gelegentlich wälzen. Am nächsten Tag alles in einem Kochtopf ca. 40 Minuten mit ¾ l Wasser kochen (kommt auf das Fleisch an). Lorbeerblatt, Wacholderbeeren, Pfefferkörner und Nelken entfernen. In einem Topf Schweineschmalz erhitzen, in Scheiben geschnittene Gemüsezwiebel goldbraun schmoren. Die Fleischbrühe aus dem anderen Topf aufgießen und 15 Minuten kochen lassen. Gemüsebrühwürfel zugeben. Fleisch in Würfel schneiden, in die Suppe geben. Weißbrot würfeln, in einer Pfanne in etwas Butter rösten, mitgeriebenem Käse bestreuen. Suppe mit Salz und Pfeffer abschmecken, in die Teller geben, Brotwürfel draufstreuen.

*Dr. Hedwig Waldmann-Klement, 35428 Langgöns*

# Waldhimbeerspeise

## Zutaten:

Ca. 750 g Waldhimbeeren,
150 g Zucker,
2 Päckchen Gelatine,
1 große Tasse Weißwein,
abgeriebene Schale einer Zitrone,
800 ml geschlagene Sahne.

## Zubereitung:

Waldhimbeeren pürieren und durch ein Sieb streichen. In das Püree den Zucker mischen. Die Gelatine in Weißwein quellen lassen. Zitronenschale und aufgelöste Gelatine mit dem Püree vermischen. Zum Schluss die Sahne unterheben und sofort in eine Schale oder Portionsgläser füllen.

Zitronenmelisseblätter waschen, in Zucker tauchen und die Speise damit verzieren.

*Ursula Hörder, 35088 Battenberg*

# Birnen-Holunder-Zwetschgen-Marmelade

## Zutaten:

250 g Holunderbeeren,
500 g Birnen (geschält, ohne Kerngehäuse und ohne schlechte Stellen),
450 g Zwetschgen (entsteint).
200 g Zucker,
100 g brauner Zucker,
50 g Honig,
1 Schnapsglas Beerenlikör.
1 Päckchen Gelfix für Fruchtsoßen.
Statt des Päckchens Gelfix und der 200 g Normalzucker kann man auch 350 g Gelierzucker 1:2 verwenden. Dann wird es aber süßer.

## Zubereitung:

Zwetschgen und Birnen klein schneiden.
Über Nacht Obst im gewässerten Tontopf mit Gelfix mischen und kurz nach Vorschrift aufkochen lassen und in Gläser abfüllen. Wenn man kein Gelfix verwenden will, dann kann man das Obst nach dem Saftziehen im Tontopf 45 Minuten bis 1 Stunde bei 200°C im Rohr garen lassen, es dann pürieren und nochmals 10 Minuten bei 200°C im Rohr lassen. Mit etwas Wasser verdünnt kann man diese Marmelade erhitzen und als Fruchtsoße zu Hirsebrei und Milchreis geben. Sie schmeckt auch zu Wildschweinbraten.
Die Marmelade kann man in gekochte Birnenhälften füllen und zu Wildbraten als Beilage verwenden.
Die genannten Obstsorten wurden von mir gewählt, weil sie in der Wetterau und im Gießener Raum wild oder halbwild auf aufgelassenen Streuobstwiesen vorkommen.

*Dr. Hedwig Waldmann-Klement, 35428 Langgöns*

# Marburg-Biedenkopf und Lahn-Dill-Region

Die Lahn verbindet die beiden namensgebenden Städte der ersten Region: Marburg, eine romantische Universitätstadt mit geschlossener Altstadt, sowie Biedenkopf, Luftkurort und Mittelpunkt eines ausgedehnten Wandergebiets. Die gotische Elisabethkirche und das Landgrafenschloss zeugen in Marburg von seiner bedeutenden Geschichte. Zahlreiche Freizeitmöglichkeiten wie Fahrrad fahren auf dem Lahnradwanderweg, Bootswandern auf der Lahn, Wandern auf den Lahnhöhenwegen oder dem Rothaarsteig kennzeichnen auch die angrenzende Lahn-Dill-Region. In der traditionsreichen Goethestadt Wetzlar mit ihrem Dom stößt die Deutsche Fachwerkstraße auf die Lahn-Ferien-Straße. Lohnend ist auch ein Besuch der Universitätsstadt Gießen, die mit einem breiten kulturellen Angebot lockt. Die Oranienstadt Dillenburg bildet einen guten Startpunkt für die Erkundung der Lahn-Dill-Region.

**Weitere Infos:**

*TOuR GmbH Marburg-Biedenkopf, Im Lichtenholz 60, 35043 Marburg, Telefon: 06421/405345, Telefax: 06421/405500, E-Mail: tourismus@marburg-biedenkopf.de, Internet: www.marburg-biedenkopf-tourismus.de*

*Fremdenverkehrsverband Freizeitregion Lahn-Dill e. V., Karl-Kellner-Ring 51, 35576 Wetzlar, Telefon: 06441/40 71900, Telefax: 0 64 41 / 40 71 90 3, E-Mail: info@daslahntal.de, Internet: www.lahn-dill-kreis.de , www.daslahntal.de*

# Rehbrötchen – überbacken

## Zutaten:

300 g Rehbratenreste oder gekochtes Rehfleisch,
300 g Schweinemett,
1-2 Eier,
2 Zwiebeln,
1-2 Semmeln,
Salz, Pfeffer, Majoran, Paprika,
6 Brötchen.

## Zubereitung:

Die Bratenreste oder das gekochte Rehfleisch zerkleinert man mit dem Fleischwolf. Dazu gibt man das Schweinemett, die Eier, die kleingehackten Zwiebeln sowie die in Milch eingeweichten Semmeln.
Diese Masse würzt man je nach Geschmack und streicht sie auf die Brötchenhälften. Über jede Hälfte legt man noch eine Scheibe Speck oder Dörrfleisch und überbackt sie ca. 10-15 Minuten im Backofen.

*Hanne Weiß, 35463 Fernwald-Albach*

# Rehschnitzel zum Grillen

Eine Rehkeule säubern, abtupfen und entbeinen. Das Fleisch in 1 cm starke Scheiben schneiden und 1-2 Tage einlegen in einer Marinade: Neutrales Pflanzenöl, getrocknete Kräuter (Majoran, Thymian, Oregano), Pfeffer und Knoblauch. Bei heißem Grill auf Alufolie wenige Minuten beidseitig braten, dann Alufolie entfernen und auf dem Rost ganz kurz bräunen. Danach sofort auf die Teller servieren, individuell etwas nachwürzen. Dazu Soßen, Relish, Chutney, Salate, Weißbrot. Getränke: Ein leichter Sommerwein oder ein Schluck Bier.

*Volker Reiff, 35415 Pohlheim*

# Rehfrikadellen

Das am Hals, Rippenpartien, Läufen und sonstige verwertbare Wildbret wird sauber herauspariert. Nun kommt der gute alte Fleischwolf zum Einsatz.

Man nehme
670 g Rehhackfleisch und 330 g gewürztes Schweinehackfleisch (2/3 zu 1/3),
2 Eier,
2 eingeweichte (alte) Brötchen,
2 Zwiebeln (angedünstet),
2 Zehen Knoblauch,
1 TL Senf,
1 TL Meerrettich,
etwas Muskat,
1 TL Thymian,
1 TL Oregano,
1 TL Majoran,
1 TL Basilikum,
evtl. auch frische Kräuter aus dem Garten,
1 ½ TL Salz,
etwas Pfeffer und ein wenig Cayennepfeffer.
Dieser Teig wird zu Frikadellen geformt und gebraten.

*Volker Reiff, 35415 Pohlheim*

# Gepökeltes Wildkaninchen

## Zutaten:

1 großes Wildkaninchen,
1 mittlerer Kopf Wirsing,
Kartoffeln,
2 dicke Zwiebeln,
wer es mag 2 Zehen Knoblauch,
Salz,
Pfeffer,
Wacholderbeeren,
Senfkörner,
Lorbeerblätter,
Sellerie,
Lauch,
½ Möhre,
Kümmel.

## Zubereitung:

Wildkaninchen im Ganzen oder zerteilt ca. 3-5 Tage mit reichlich Speisesalz, wenn möglich in einem Glasbehälter mit Deckel, im Kühlschrank pökeln.
Danach kräftig abwaschen und trocken wischen. In einem Sud aus Wasser, Wacholderbeeren, 3 Lorbeerblättern, Senfkörnern, Sellerie-, Lauch- und Möhrenwürfeln, 1 Zwiebel zerschnitten, (Knoblauch), etwas Salz und Pfeffer das Kaninchen gar kochen (ca. 50-60 Minuten). Wirsing in grobe Stücke schneiden und in einem Topf mit in Fett angebratenen Zwiebeln geben und mit Kochbrühe vom Kaninchen ablöschen. Wirsing garen (ca. 30 Minuten) und zuletzt mit etwas Kümmel und Pfeffer abschmecken.
Wer es mag, kann den Wirsing pürieren. Dazu werden Salzkartoffeln mit Petersilie überstreut gereicht.

*Heinrich Neurath, 35614 Aßlar-Werdorf*

# Reh-Leberknödel

## Zutaten:

1 Rehleber,
etwas Rehherz,
1 große Zwiebel,
250 g Schweinemett,
50-75 g Dörrfleisch oder Speck in kleinen Würfeln,
1-2 EL Paniermehl,
1 EL Mehl,
1-2 Eier,
Pfeffer, Salz, Majoran, Senf.

## Zubereitung:

Die enthäutete Rehleber schabt oder hackt man fein oder lässt sie durch die feine Scheibe des Fleischwolfes. Die Zwiebel wird fein geschnitten. Alle weiteren Zutaten gibt man hinzu und formt aus dieser Masse Knödel, die man ca. 15 Minuten in Brühe leise kochen lässt.
Man bestreut die Knödel mit Petersilie oder Schnittlauch und reicht Sauerkraut dazu. Sie schmecken auch als Suppeneinlage sehr gut.

*Hanne Weiß, 35463 Fernwald-Albach*

# Wildschwein à la Pichelsteiner

## Zutaten (für 2 Personen):

Zum Beizen:
300 g Wildschwein,
1/16 l guter Weißwein,
3 Wacholderbeeren,
2 Pfefferkörner,
1 Lorbeerblatt,
1 Knoblauchzehe,
Majoran,
1 kräftige Prise Zitronenschale (aus dem Fertigpäckchen Citro-Back).

## Für die Zubereitung:

30 g Schweineschmalz,
1 TL Essig,
1 EL Mehl,
etwas Wasser (ca. 1/16 l),
¼ l Gemüsebrühe,
125 g Gemüsezwiebeln,
1 Schuss Weißwein,
1 Prise Zitronenschale,
150 g Möhren,
1 Kohlrabi,
300 g Kartoffeln,
70 g Lauch,
1 EL Kapern,
1 EL gehackte Sellerieblätter (falls vorhanden),
1 EL Möhrenkraut,
Prise Zucker,
Salz, Pfeffer, Fondor.

## Zubereitung:

Im gewässerten Tontopf Fleisch auftauen lassen, mit Weißwein übergießen. Wacholderbeeren, Pfefferkörner, eine Prise Majoran, Lorbeerblatt und eine Prise Zitronenschale dazugeben. Knoblauchzehe ganz klein hacken, dazugeben. Von den Zwiebeln 40 g hacken, dazugeben. Fleisch in 4 cm dicke Würfel schneiden, in der Beize wälzen. Eventuell muss etwas Wasser dazugegossen werden, damit das Fleisch fast ganz bedeckt ist. Über Nacht in der Beize ziehen lassen.
Anmerkung: Da es sich um Überläufer-Fleisch handelte, das tiefgefroren war, musste es nicht so lange ziehen. Bei älteren Tieren muss das Fleisch über einen ganzen Tag in der Beize liegen.

Am nächsten Tag Schweineschmalz in einem Kochtopf zergehen lassen, Essig darauf geben und verrühren. Gehackte Zwiebeln, auch die aus dem Fleischtopf, dazugeben, glasig anbraten. Fleisch abtropfen lassen, dazugeben, anbraten, ca. 4 Minuten, dabei immer umrühren. Mit Mehl bestäuben, rühren. Etwas heißes Wasser angießen. Fleisch 15 Minuten schmoren lassen. Gemüsebrühe angießen und Beize ohne Lorbeerblatt, mit Weißwein abschmecken, aufkochen und garen lassen. In Scheibchen geschnittene, geputzte Möhren und gewürfelten Kohlrabi dazugeben. Geschälte gewürfelte Kartoffeln dazugeben. Kochen lassen. Lauch waschen und in Ringe schneiden, dazugeben. Prise Zitronenschale, evtl. 1 EL Sellerieblätter, 1 EL Möhrenkraut dazugeben, 20 Minuten kochen lassen. Abgetropfte Kapern dazugeben. Mit Salz, Pfeffer, Zucker und evtl. Fondor abschmecken.

*Dr. Hedwig Waldmann-Klement, 35428 Langgöns*

# Gefüllte Hasenkeule

## Zutaten:

2 Hasenkeulen,
½ l Buttermilch,
Pfeffer,
Salz,
ca. ¼ l Rotwein,
1 Becher Sauerrahm,
Sauerkraut,
Knödel halb und halb.

Für die Füllung:
100 g gewürztes Hackfleisch,
1 Ei,
Semmelbrösel,
1 Knoblauchzehe,
¼ geriebene Zwiebel,
geriebene Zitronenschale,
Ingwerpulver,
1 Msp. Piment,
gehackte Petersilie.

## Zubereitung:

Die Hasenkeule häuten, Fett und Sehnen entfernen und Knochen vorsichtig ausbeinen. Hasenkeule in Buttermilch über Nacht einlegen. Wildbret abwaschen, abtupfen, leicht klopfen und mit Pfeffer und Salz würzen. Die Füllung vorbereiten, die Tasche, wo vorher der Knochen war, vergrößern, die Füllung hineingeben und die Tasche mit Rouladennadel verschließen. Die gefüllte Hasenkeule in eine Pfanne mit Fett von 2 Seiten anbraten, mit Rotwein ablöschen und ca. 40 Minuten fertig garen.
Soße mit Sauerrahm, Rotwein und Johannisbeergelee abschmecken und mit Semmelbrösel eindicken.
Den Braten mit Sauerkraut und Knödel zu Tisch geben.

*Rolf Münch, 35581 Wetzlar*

# Wildschwein-Geschnetzeltes

## Zutaten (für 3 Personen):

600 g Wildschwein,
1/16 l Küchenmadeira,
3 Pfefferkörner,
2 Wacholderbeeren,
etwas Wasser.
Salz, Pfeffer,
2 EL Schmalz,
1 Dose Pfifferlinge,
25 g Zwiebeln,
Petersilie,
½ Döschen Creme fraiche.
200 g Zwetschgen (tiefgefroren, entsteint),
2 EL Zwetschgenmus oder Beerenmarmelade,
Rotwein,
Wasser,
Prise Zucker,
Mehl.

## Zubereitung:

Tiefgefrorenes Fleisch in gewässerten Tontopf legen zum Auftauen. Madeira und ggf. etwas Wasser angießen. Auftauendes Fleisch in Streifen schneiden. Die Streifen sollen ca. 1 cm dick sein. Wacholderbeeren und Pfefferkörner zu dem Fleisch in die Beize legen, das Fleisch in der Beize wälzen, über Nacht ziehen lassen. Am nächsten Tag Butter oder Butterschmalz in der Pfanne erhitzen, Fleisch darin anbraten, ca. 5 Minuten. Dann kommt das Fleisch wieder in den Tön-Römertopf und gart im Rohr samt der Beize ca. 30 Minuten bei 200°C (das gilt für den Umluftherd, bei anderen Herdtypen dauert es etwas länger). In der Pfanne, in der das Fleisch angebraten wurde, werden die angetauten Zwetschgen mit der Marmelade, dem Rotwein (nur ein Schuss, das richtet sich danach, ob bereits Alkohol in der Marmelade ist; wenn die Marmelade stark gewürzt ist und mit Likör, braucht man keinen Rotwein mehr) und der Prise Zucker erhitzt und kurz aufgekocht. Anschließend mit etwas Mehl andicken, das Geschnetzelte zufüen und warm stellen. In einem kleinen Topf Butter schmelzen, 25 g gehackte Zwiebeln andünsten, abgetropfte Pfifferlinge und gehackte Petersilie dazugeben, kurz aufkochen und 5 Minuten dünsten. ½ Döschen Creme fraiche einrühren. Spätzle oder Semmelknödel dazu servieren.

*Dr. Hedwig Waldmann-Klement, 35428 Langgöns*

# Frischlingssteaks mit Bärlauch

## Zutaten (für 2 Personen):

Frischlingssteaks oder –koteletts (insgesamt 300 g Steak oder 400 g Kotelett),
1/16 l Weißwein,
etwas Wasser,
Bärlauch in Öl (2 Msp.),
1 EL Öl,
Steakpfeffer, Salz.
2 gehäutete Tomaten,
20 g Gemüsezwiebeln,
1 Schuss Weißwein,
Mehl,
1/16 l Gemüsebrühe,
Thymian, Zucker,
Salz, Pfeffer.

## Zubereitung:

Fleisch im gewässerten Tontopf auftauen. 1/16 l Weißwein und etwas Wasser angießen. Aufgetautes Fleisch evtl. bratfertig zurechtschneiden. Mit Bärlauch und Öl dünn bestreichen. Über Nacht durchziehen lassen. Am nächsten Tag in der Pfanne Öl heiß machen, abgetropftes Fleisch kräftig anbraten, mit Steakpfeffer und Salz würzen. Gebratenes Fleisch herausnehmen und warm stellen. In dem Bratfond 20 g gehackte Zwiebeln anbraten, mit Mehl überstäuben. Gehäutete, in Scheibchen geschnittene Tomaten zugeben, etwas Gemüsebrühe dazugeben und etwas Weißwein, aufkochen lassen. Mit Thymian und Zucker würzen, mit Salz und Pfeffer abschmecken. Dazu schmeck sehr gut Couscous.

*Dr. Hedwig Waldman-Klement, 35328 Langgöns*

# Frischlings- oder Überläuferfilet in Pesto

## Zutaten (für 2 Personen):

Filet (ca. 250 g),
1 EL Pesto aus Basilikum, Knoblauch, Olivenöl),
2 Handvoll Pinienkerne,
Salz, Steakpfeffer,
1/16 l Weißwein,
1/16 l Gemüsebrühe,
1 EL Olivenöl,
kleine Dose Champignons,
2 gehäutete Tomaten,
1 Prise Zucker,
Petersilie,
Salz, Pfeffer.

## Zubereitung:

Fleisch im gewässerten Tontopf auftauen, mit Pesto einreiben, in Weißwein einlegen. Über Nacht ziehen lassen. Am nächsten Tag abtropfen lassen. Pinienkerne in Scheiben schneiden. In der Pfanne 1 EL Olivenöl rauchig werden lassen. Fleisch in bratfertige Scheiben schneiden, in der Pfanne anbraten. Pinienkerne zugeben und leicht bräunen. Fleisch pfeffern, nur evtl. salzen. Warm stellen. Beize in den Bratfond geben, mit Gemüsebrühe aufkochen. Gehäutete, in Scheibchen geschnittene Tomaten, abgetropfte Champignons und gehackte Petersilie in die Soße geben, kurz aufkochen, mit Zucker, Salz, Pfeffer abschmecken. Mit geröstetem Weißbrot servieren.

*Dr. Hedwig Waldmann-Klement, 35328 Langgöns*

# Wildbraten – speziell gewürzt

1 Stück Wildbraten (Wildart Reh, Hirsch, evtl. auch Wildschwein) von ca. 1-1,2 kg kräftig von allen Seiten mit Pfeffer würzen (bei Reh und Hirsch mit Speck spicken). Das Fleisch am Tag vorher in Buttermilch mit Wacholderbeeren und Lorbeerblatt einlegen und vor dem Braten mit einem Küchentuch trocken tupfen.
In Biskin schonend von allen Seiten anbraten, bis das Fleisch eine braune Kruste hat. Danach mit Salz würzen und nochmals von allen Seiten anbraten. Danach Fleisch aus dem Topf nehmen. In dem Bratfett nun frische Pfifferlinge und ca. 4-5 mittelgroße Zwiebeln und 3-4 durchgepresste Knoblauchzehen anbraten, hierzu noch einige Wacholderbeeren geben. Für den besonderen Geschmack wird der Braten rundum nun mit Piment, Koriander und reichlich Zimt gewürzt und nochmals kurz von allen Seiten in dem Topf mit den Zwiebeln gewendet, damit sich die Gewürze mit dem Fleisch verbinden.
Danach wird mit einem trockenen Rotwein abgelöscht (Menge nach individuellem Geschmack).
Nun wird das Ganze in einen Gussbräter umgefüllt, für die Soße etwas Wasser oder besser Wildfond (ca. 150 ml) und ½ Becher süße Sahne und evtl. auch noch etwas Zimt zugegeben. Nun mit geschlossenem Deckel ca. 1-1 ½ Stunden (Gabeltest, ob es bereits weich ist, nach 1 Stunde) bei 175°C im Backofen schmoren, während dieser Zeit das Fleisch 1-2-mal wenden und ggf. Flüssigkeit in Form von Wasser oder Wildfond zugeben.
Das Fleisch soll während der Garzeit nur ca. zu 1/3 mit Flüssigkeit bedeckt sein und ab und zu mit dem Bratensaft übergossen werden, damit das Fleisch eine schöne Kruste bekommt. Am Ende der Garzeit das Fleisch aus dem Bräter herausnehmen und einige Minuten ruhen lassen. In dieser Zeit die Soße abschmecken und den restlichen halben Becher Sahne oder nach Belieben auch Creme fraiche zugeben, je nach Geschmack noch etwas Wein zufügen, mit Soßenbinder binden und zum Schluss noch einmal gut durchrühren. Während der Garzeit je eine halbe Birne mit Preiselbeeren auf jedem Teller anrichten. Kartoffelknödel, Semmelknödel oder Spätzle sowie Apfelrotkohl aus der Tiefkühltruhe zubereiten.

*Petra Tisberger, 35435 Wettenberg*

# Wildschwein- und Rehschenkel im Gemüseeintopf

## Zutaten:

8 Unterschenkel vom Reh oder Wildschwein,
4 Mohrrüben,
4 Knoblauchzehen,
8-10 mittelgroße Kartoffeln,
1 Würfel klare Brühe,
4 kleine Zwiebeln,
2 Lorbeerblätter,
ca. 600 g Weißkraut,
20 Pfefferkörner,
Salz.

## Zubereitung:

Die Unterschenkel werden für 48 Stunden in einem Wasser-Salzgemisch eingelegt und an einem kühlen Ort gelagert.
Anschließend werden sie gut abgewaschen und in frischem Wasser mit Salz, Pfefferkörnern und Lorbeerblättern für ca. 1 ½ Stunden gekocht. Das Fleisch und der Sud werden kann in einen feuerfesten Topf umgeschüttet und Kartoffeln, Zwiebeln, Knoblauch, geschnittene Mohrrüben und Weißkraut dazugegeben. Das Gericht dann zugedeckt im vorgeheizten Backofen bei 180°C für ca. 30-40 Minuten köcheln lassen. Zum Schluss einen Würfel klare Brühe hinzugeben und das Gericht abschmecken. Als Beilage eignet sich sehr gut Rote Bete und als Getränk ein kühles Bier.

*Uwe Schmidt, 35768 Siegbach-Oberndorf*

# Wildbratwurst, gebrüht

## Rezeptur für 10 kg Wurstbrät:

7 kg Wildbret aus Schulter oder Träger, entbeint, ohne Knorpel und Sehnen, anhaftendes Fettgewebe entfernt,
3 kg kerniger Schweinebauch ohne Schwarte, entbeint, ohne Knorpel und Sehnen,
180 g Kochsalz,
50 g Zuckerstoff (gibt's beim Fleischer oder Fleischereibedarf),
15 g Thüringer Majoran,
10 g weißen Pfeffer, fein gemahlen,
5 g Muskatnuss, gemahlen,
5 g Koriander, gemahlen,
2 g Kardamon, gemahlen,
2 g Kümmel, gemahlen,
1 Knoblauchzehe,
Schweinedärme 26/28 (gibt's beim Fleischer oder Fleischereibedarf).

## Vorbereitung:

Knoblauch platt drücken und mit etwas Salz und Pfeffer fein zerreiben. Wildbret und Schweinebauch 2 cm groß würfeln.

## Zubereitung:

Wildbret und Schweinebauch mit den Würz- und Wertstoffen gut vermengen, 2 kg hiervon zweimal durch die 2 mm-Scheibe des Fleischwolfes drehen. Den Rest 4 mm wolfen.
Alles gut vermengen, bis das Brät leicht bindig ist, dabei auf saubere Hände achten.
Das Brät zu einem Ballen formen und mit den Fäusten durchstoßen, um Lufteinschlüsse zu entfernen.
Mit dem Füllvorsatz des Fleischwolfes das Brät zügig und straff in die Därme füllen und zu Portionswürsten von ca. 100 g abdrehen.

## Brühen:

Die Würste 25 Minuten bei ca. 76°C brühen, kurz lauwarm abduschen und aufhängen. Nachdem die Würste abgetrocknet sind, diese auseinander schneiden und bei unter 7°C gekühlt aufbewahren.

*Metzgerei J. Schnaut, 35457 Lollar*

# Reifung von roher Dauerwurst

Die Würste an einem zugfreien Ort bei ca. 18-20° und hoher Luftfeuchte zum Umröten und Fermentieren aufhängen. Eventuell entstehender Belag auf den Würsten mit lauwarmer Salzlake abwaschen. Die Würste sind umgerötet, wenn die Farbe der Würste nach Rot umgeschlagen ist.
Danach die Würste kühl und dunkel (Keller) aufhängen und abtrocknen lassen. Sollten die Würste zu schnell trocknen (knisterndes Geräusch beim Zusammendrücken des Wurstzipfels), dieselben kurz im Wasserbad anfeuchten.
Wer die Möglichkeit zum Räuchern hat, kann die Würste auch 72 Stunden kalt abräuchern. Wenn die Würste mindestens 20% ihres Ausgangsgewichtes verloren haben, sind sie verzehrfähig. Mag sich dieses auch alles ein wenig kompliziert lesen, so führt es doch auch bei Ungeübten zu einem sehr guten Ergebnis. Besondere Bedeutung bei der Rohwurstherstellung hat die hygienisch einwandfreie Gewinnung und Verarbeitung der Wert- und Würzstoffe.

*Metzgerei J. Schnaut, 35457 Lollar*

# Rehmettwurst im Ring

## Rezeptur für 10 kg Wurstbrät:

6 kg Wildbret vom Reh aus Schulter oder Träger, entbeint, ohne Knorpel und Sehnen, anhaftendes Fettgewebe entfernt,
3 kg kerniger Schweinebauch ohne Schwarte, entbeint, ohne Knorpel und Sehnen,
1 kg Schweinefleisch aus der Schulter,
260 g Nitritpökelsalz (gibt's beim Fleischer oder Fleischereibedarf),
50 g Zuckerstoff (gibt's beim Fleischer oder Fleischereibedarf),
30 g weißen Pfeffer, grob gerissen,
10 g Muskatnuss, gemahlen,
15 g Thymian,
0,1 l Portwein,
5 Knoblauchzehen,
15 Wacholderbeeren,
Kranzdärme Kal.: 40/43 (gibt's beim Fleischer oder Fleischereibedarf).

## Vorbereitung:

Wacholderbeeren zerdrücken und mit dem Portwein aufsetzen. Knoblauch platt drücken und mit etwas Salz und Pfeffer fein zerreiben. Wildbret und Schweinebauch und Schweineschulter 2 cm würfeln. Wildbret und Schweinebauch im Tiefkühlfach 2 Stunden anfrosten.

## Zubereitung:

Wildbret, Schweineschulter und –bauch mit den Würz- und Wertstoffen sowie dem Portwein-Wacholderaufguss gut vermengen und durch die 3 mm-Scheibe des Fleischwolfes wolfen.
Gut vermengen, bis das Brät leicht bindig ist, dabei auf saubere Hände achten.
Das Brät zu einem Ballen formen und mit den Fäusten durchstoßen, um Lufteinschlüsse zu entfernen.
Mit dem Füllvorsatz des Fleischwolfes das Brät zügig und straff in die Kranzdärme füllen. Zu Ringen von ca. 650 g mit Wurstkordel abbinden. Die Würste mit lauwarmem Wasser abspülen. Die Würste aufhängen.

*Metzgerei J. Schnaut, 35457 Lollar*

# Hirschsalami

## Rezeptur für 10 kg Wurstbrät:

7 kg Wildbret vom Hirsch aus der Schulter oder Träger, entbeint, ohne Knorpel und Sehnen, anhaftendes Fettgewebe entfernt,
3 kg kerniger Schweinespeck ohne Schwarte,
280 g Nitritpökelsalz (gibt's beim Fleischer oder Fleischereibedarf),
50 g Zuckerstoff (gibt's beim Fleischer oder Fleischereibedarf),
40 g weißen Pfeffer, grob gerissen,
10 g Muskatnuss, gemahlen,
10 Fenchel,
2 Knoblauchzehen,
0,1 l Rotwein,
Leinendarm 60/50 (gibt's beim Fleischer oder Fleischereibedarf).

## Vorbereitung:

Wacholderbeeren zerdrücken, Knoblauch platt drücken und mit etwas Salz und Pfeffer zerreiben, Wildbret und Schweinespeck 2 cm würfeln. Wildbret und Schweinespeck im Tiefkühlfach 2 Stunden anfrosten.

## Zubereitung:

Wildbret und Schweinefleisch mit den Würz- und Wertstoffen gut vermengen und durch die 4 mm-Scheibe des Fleischwolfes wolfen.
Gut vermengen, bis das Brät leicht bindig ist, dabei auf saubere Hände achten.
Das Brät zu einem Ballen formen und mit den Fäusten durchstoßen, um Lufteinschlüsse zu entfernen.
Mit dem Füllvorsatz des Fleischwolfes das Brät zügig und straff in die Leinenhüllen füllen. Mit Wurstkordel abbinden. Die Würste mit lauwarmem Wasser abspülen. Die Würste aufhängen.

## Reifung:

Die Würste an einem zugfreien Ort bei ca. 20-22°C und hoher Luftfeuchte um Umröten und Fermentieren aufhängen. Eventuell entstehender Belag auf den Würsten mit lauwarmer Salzlake abwaschen. Die Würste sind umgerötet, wenn die Farbe der Würste nach Rotumgeschlagen ist. Danach die Würste kühl und dunkel (Keller) aufhängen und abtrocknen lassen. Sollten die Würste zu schnell trocknen (knisterndes Geräusch beim Zusammendrücken des Wurstzipfels), dieselben kurz im Wasserbad anfeuchten. Der durchschnittliche Gewichtsverlust sollte bei ca. 1% pro Tag liegen Auftretende Beläge mit lauwarmer Salzlake abwaschen. Wenn die Würste mindestens 25% ihres Ausgangsgewichtes verloren haben, sind sie verzehrfähig.

*Metzgerei J. Schnaut, 35457 Lollar*

# Wildschweinschinken

## Rezeptur pro 10 kg Schinken:

Eine Wildschweinkeule ohne Schwarte, oberflächiges Fettgewebe entfernt.
Die Keule sollte frei von Blutergüssen und Einschüssen sein. Vorteilhaft ist das Fleisch älterer Tiere, die beim Ansitz zur Strecke gekommen sind. Anderes Wild eignet sich nicht.
500 g Nitritpökelsalz (gibt's beim Fleischer oder Fleischereibedarf),
50 g Zuckerstoff (gibt's beim Fleischer oder Fleischereibedarf),
20 g weißen Pfeffer, grob gerissen,
5 g Muskatnuss, gemahlen,
5 g Koriander,
15 Wacholderbeeren,
5 Knoblauchzehen,
0,1 l Rotwein.

## Vorbereitung:

Knoblauch platt drücken und mit etwas Salz und Pfeffer fein zerreiben. Wacholderbeeren zerdrücken.

## Zubereitung:

Den Schinken mit einem Nudelholz von der Haxe zur Hüfte ausdrücken, um den Schweiß aus den Gefäßen zu pressen. Danach mit den Wert- und Würzstoffen von allen Seiten einreiben.

## Reifung:

Den Schinken in einem Behältnis zugedeckt bei ca. 3°C pökeln lassen. Pro kg Gewicht der Keule beträgt die Pökeldauer 3 Tage. Den Schinken zweimal täglich wenden und mit der Lake begießen. Wer die Möglichkeit hat, kann den Schinken auch vakuumieren. Danach den Schinken kalt abspülen und 14 Tage ohne die Lake bei ca. 3-5°C durchbrennen lassen. Den Schinken aufhängen und bei Zimmertemperatur 48 Stunden umröten. Der Schinken ist umgerötet, wenn die Farbe des Schinkens nach Rot umgeschlagen ist. Danach 7 Tage kalt räuchern. Den Schinken kühl und dunkel lagern und bis auf die gewünschte Härte abtrocknen lassen.

*Metzgerei J. Schnaut, 35457 Lollar*

# Wilde Rote Wurst

## Rezeptur für 10 kg Wurstbrät:

7 kg Wildbret aus der Schulter oder Träger, entbeint, ohne Knorpel und Sehnen, anhaftendes Fettgewebe entfernt,
3 kg kerniger Schweinebauch ohne Schwarte, entbeint, ohne Knorpel und Sehnen,
50 ml Weizenkorn 32 %,
260 g Nitritpökelsalz
50 g Zuckerstoff
30 g schwarzen Pfeffer, grob gerissen,
10 g Muskatnuss, gemahlen,
5 g Koriander, gemahlen,
5 g Kardamom, gemahlen,
2 g Kümmel, gemahlen,
4 g Fenchelsamen, gemahlen
3 Knoblauchzehen,
15 Wacholderbeeren,
7 Hukkihüllen 55/40 (gibt's beim Fleischer oder Fleischereibedarf),

## Vorbereitung:

Wacholderbeeren zerdrücken und mit dem Weizenkorn aufgießen, 36 Stunden zugedeckt ziehen lassen, dann abseihen,
Knoblauch platt drücken und mit etwas Salz und Pfeffer fein zerreiben,
Wildbret und Schweinebauch 2 cm würfeln,
Wildbret und Schweinebauch im Tiefkühlfach 2 Stunden anfrosten,

## Zubereitung:

Wildbret und Schweinebauch mit den Würz- und Wertstoffen, sowie dem Korn –Wacholderaufguss gut vermengen und durch die 4 mm Scheibe des Fleischwolfes wolfen. Gut vermengen bis das Brät leicht bindig ist, dabei auf saubere Hände achten!
Das Brät zu einem Ballen formen und mit den Fäusten durchstoßen, um Lufteinschlüsse zu entfernen.
Mit dem Füllvorsatz des Fleischwolfes das Brät zügig und straff in die Hüllen füllen. Das Hüllenende mit Paketkordel abbinden. Die Würste mit lauwarmem Wasser abspülen. Die Würste aufhängen.

# Rezeptregister

**Vorspeisen**



**Hauptspeisen**

# Kleine Warenkunde und Tipps für die Zubereitung

„Wildfleisch aber ist einer der größten kulinarischen Genüsse" (Seneca), wussten schon die alten Römer. Der in der Jägersprache verwandte Begriff „Wildbret" stammt aus dem Mittelhochdeutschen und bedeutet „schieres Fleisch". 500 bis 600 Gramm Wildfleisch (Wildbret) verzehren die Deutschen jährlich pro Kopf – mit steigender Tendenz. Dennoch beträgt der Anteil des Wildfleisches am gesamten Fleischverzehr weniger als ein Prozent.

Manche Hausfrau und mancher Hobbykoch schreckt noch ein wenig vor der Zubereitung von Wildgerichten zurück, weil sie diese für besonders schwierig halten. Stimmt aber nicht! Grundsätzlich wird Wildfleisch wie anderes Fleisch auch zubereitet. Wer erstmals einen Wildschweinbraten oder eine Rehkeule schmort oder in den Backofen schiebt, kann wie beim Schweine- beziehungsweise Rinderbraten verfahren - auch beim Würzen. Zusätzlich sollten Wildgerichte nach Belieben mit Wacholderbeeren, Lorbeerblatt, Rosmarin, Thymian, Knoblauch usw. gewürzt werden. Außerdem sind im Handel spezielle Wildgewürzmischungen erhältlich, die man jedoch sparsam dosieren sollte. Ansonsten schmeckt man möglicherweise eine Zutat – etwa Nelken – beim Genuss des Wildbratens deutlich heraus. (In den Wildrezepten dieses Kochbuchs werden bei jedem Gericht die entsprechenden Gewürze aufgeführt).

Das Beizen beziehungsweise Marinieren von Wildfleisch in einer Rotwein- oder Essigmarinade ist heutzutage nicht mehr notwendig. Die Marinade diente früher, als es noch keine geeigneten Kühl- und Gefriermöglichkeiten gab, vor allem dazu, den allzu weit fortgeschrittenen „Reifeprozess" des Wildbrets und seine geschmacklich unangenehmen Begleiterscheinungen zu übertünchen.

Heute muss Wild nach dem Erlegen binnen 24 Stunden auf eine Kerntemperatur von höchstens sieben Grad heruntergekühlt werden. Nach dreitägigem Abhängen in der Kühlung erweist sich der Wildbraten als zart, würzig und hocharomatisch. Die Zeiten des anrüchigen Hautgout sind heute endgültig passe. Wer jedoch den Geschmack marinierten Wildfleisches besonders liebt, sollte ganz nach seinem Gusto verfahren. Allerdings sollte nur frisches, kein aufgetautes Wildfleisch in einer Rotwein- oder Essigbeize mariniert werden. Diese Marinaden laugen nämlich den aufgetauten Wildbraten zu sehr aus; das Fleisch verliert Saft und wird beim Braten trocken.

Kleine Wildteile wie Medaillons von Lende und Rücken, Steaks, Schnitzel und Spareribs, die gegrillt oder kurzgebraten werden, kann man jedoch im Kühlschrank mindestens eine halbe Stunde und bis zu zwei Tage in eine Ölmarinade einlegen. Diese besteht aus Speiseöl, Gewürzen (wählen Sie je nach Geschmack unter Pfeffer, Wacholderbeeren, Lorbeerblatt, Rosmarin, Thymian, Knoblauch, Liebstöckel, Basilikum, Kerbel und Estragon aus) und - sofern greifbar – frischen Küchenkräutern wie Petersilie. Gesalzen wird das Gegrillte beziehungsweise Kurzgebratene erst vor dem Verzehr. Unbedingt zu empfehlen ist, dass für den Grill vorgesehene Fleischstücke in eine Öl-Gewürzmarinade eingelegt werden. Sie gewinnen dadurch an Geschmack und bleiben beim Grillen saftig.

*Tabelle 1*

**So gesund ist Wild!**

*Nährwerte (Durchschnittliche Angaben)*

| | Energie in Kcal | Eiweiß | Fett |
|---|---|---|---|
| Rind (gegart) | 182 kcal | 27,6 g | 7,7 g |
| Hausschwein | 202 kcal | 28,7 g | 9,6 g |
| Hirsch | 135 kcal | 23,4 g | 3,4 g |
| Reh | 132 kcal | 25,5 g | 3,2 g |
| Hase | 133 kcal | 23,6 g | 3,2 g |
| Wildschwein | 122 kcal | 20,0 g | 3,4 g |
| Wildgeflügel | 110 kcal | 18,2 g | 3,8 g |
| Kaninchen | 160 kcal | 20,0 g | 7,5 g |

Dass sich Wildfleisch - nicht zuletzt bei sommerlichen Grillpartys und Barbecues sowie bei kalten und warmen Buffets und in der häuslichen Küche - wachsender Beliebtheit erfreut, kommt nicht von ungefähr. Wildbret liegt sowohl beim Genusswert als auch ernährungsphysiologisch voll im Trend zur leichten, fettarmen, aber gleichwohl schmackhaften und biologisch vollwertigen Küche.

Ein Blick in die Nährwerttabelle (Tabelle 1) zeigt, dass das kalorienarme Wildbret im Vergleich zu Schweine- und Rindfleisch außerordentlich wenig Fett, aber viel hochwertiges Eiweiß enthält. Zudem ist Wildfleisch reich an Mineralstoffen, sehr bekömmlich und leicht verdaulich. Frisches Wild aus Hessen erhält der Verbraucher beim Jäger und Förster, im Wildhandel, beim Metzger und bei der osthessischen tegut-Kette, die Wildfleisch in ihr Öko-Sortiment aufgenommen hat. Richtig abgehangenes und gereiftes Wildfleisch bietet einen besonderen Genuss. Seine Farbe ist dunkelrot bis rotbraun, es riecht angenehm mild und leicht säuerlich, keinesfalls unangenehm oder penetrant.

Die heimischen Wildarten haben - je nach Alter und Geschlecht - unterschiedliche Jagd- und Schonzeiten. So ist es beispielsweise selbstverständlich, dass die Elterntiere während der Aufzuchtzeit ihrer Jungen nicht bejagt werden. Tabelle 2 gibt die Jagdzeiten der Hauptwildarten wider.

*Tabelle 2*

**Frisches Wild zu jeder Jahreszeit**

*(für die exakten Jagdzeiten: www.ljv-hessen.de)*

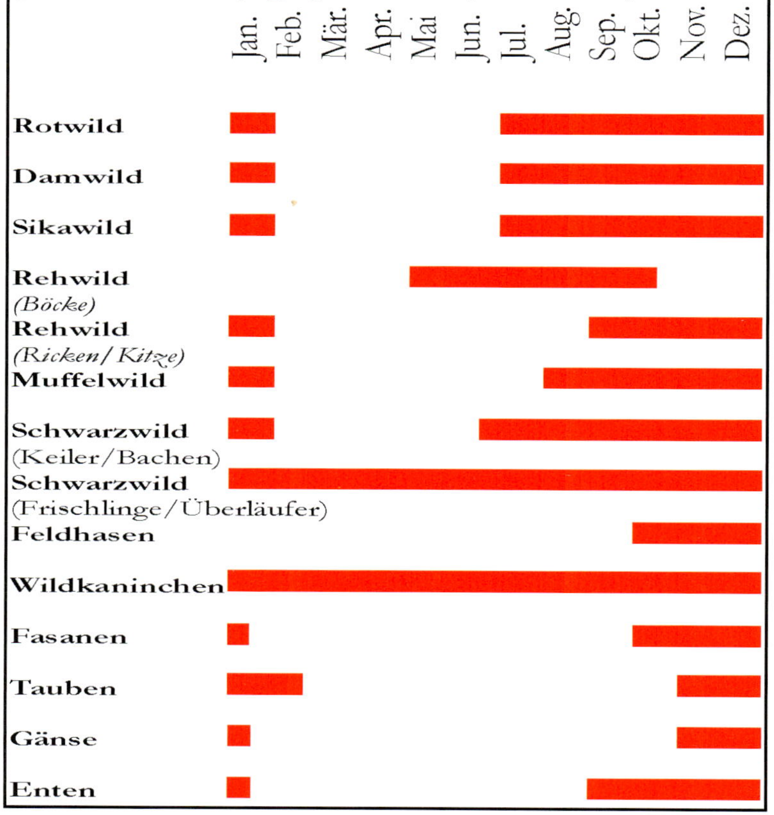


Wildschweinfleisch kann der Verbraucher deshalb ganzjährig kaufen, weil sich diese Wildart sehr stark vermehrt hat, erhebliche Schäden in der Landwirtschaft und in Hausgärten anrichtet und daher die jüngeren Wildschweine, die keinen Nachwuchs haben, durchgängig bejagt werden. Damit soll ein weiterer Anstieg der Wildschweinpopulation gestoppt werden.

Das fettarme Wildfleisch eignet sich jedoch auch gut zum Tiefgefrieren, ohne dass Qualitätsverluste eintreten. Wildfleisch hält sich 8-12 Monate in der Tiefkühltruhe bei einer Temperatur von minus 18 Grad und niedriger. Vakuumverpackte Wildteile sind besonders gut gegen Gefrierbrand geschützt. Der „Wildfleischpapst" Olgierd E. J. Graf Kujawski geht davon aus, dass man große Stücke frisch gefrosteten Wildes wie Rücken und Keulen ohne Qualitätseinbuße einmal auftauen kann, etwa um den Rücken zu teilen, und dann unmittelbar danach erneut tiefgefrieren kann. Diese Wildbretteile sollten allerdings laut Graf Kujawski anschließend binnen 30 Tagen verarbeitet werden.

Von den feinen Häutchen, die Keulen und Rücken des Wildes umgeben, sollte beim Tiefgefrieren das letzte noch am Bratenstück belassen und erst unmittelbar vor der Zubereitung entfernt werden. Dieses Häutchen schützt das Wildfleisch - insbesondere wenn es nicht vakuumiert worden ist - vor dem Austrocknen.

Ein besonderes Kapitel bilden tiefgefrorene Wildteile, die in Supermärkten und bei Lebensmittel-Discountern erhältlich sind. Der Hirschbraten, der laut Deklaration auf der Verpackung von einem holländischen Betrieb zugeschnitten und abgepackt worden ist, verrät seine tatsächliches Herkunftsland nicht. Die Niederlande wären allerdings nicht in der Lage, mit ihrem spärlichen Rotwildbestand auch nur eine Woche lang diese Discountkette mit Rotwildfleisch zu beliefern. Folglich hat der holländische Wildverarbeitungsbetrieb den Hirschbraten importiert. Aber woher?

Möglicherweise aus Neuseeland, wo die Hirsche auf Farmen in Gattern gehalten und in landwirtschaftlicher Art und Weise mit industriell produzierten Futtermitteln gemästet werden. Dahinter steckt für den Verbraucher schlichtweg eine Mogelpackung, denn dies hat mit Wildfleisch aus freier Wildbahn absolut nichts mehr zu tun. Geschmack, Aroma und Konsistenz dieses über zigtausende Kilometer transportierten „Hirschbratens" unterscheiden sich erheblich von wirklich „wildem" Hirschfleisch aus Hessen. Rund 60 Prozent des im Handel angebotenen Hirschfleisches, so schätzt Wildbretexperte Graf Kujawski in seinem Kochbuch „Die neue Wildküche", stammen aus Neuseeland.

Aus Australien importieren Wildverarbeitungsbetriebe und Großhandel das Fleisch von verwilderten Hausschweinen und verkaufen dies als „Wildschweinbraten" an Gastronomie und Endverbraucher. Die Nachkommen der Hausschweine, die in Australien als Landplage gelten, liefern im Vergleich zu unserem heimischen Schwarzwild ein wesentlich fettreicheres und recht fades Fleisch. Diesem fehlenden Geschmack versuchen manche Gastronomen mit starkem Beizen und Würzen auf die Sprünge zu helfen.

Falls Ihnen in der Gastronomie ein „Wildschweinbraten" kredenzt wird, der von Fettadern durchzogen ist und eine auffällig weiche, „wabblige" Beschaffenheit aufweist, dann fragen Sie ruhig nach dessen Ursprung. Glücklicherweise weisen jedoch immer mehr gute Gaststätten und Restaurants in ihrer Speisenkarte ausdrücklich darauf hin, dass ihr Wildfleisch aus heimischen Revieren stammt. Dies ist für den Gast auch beim Rehbraten von Bedeutung, werden doch sogar Teile des chinesischen Wasserrehs in Handel und Gastronomie stillschweigend als bodenständiges Wildfleisch beziehungsweise Wildgericht verkauft.

Wildbret sollte stets durchgebraten werden. Die Garzeiten sind in den Rezepten zumeist angegeben. Grundsätzlich gilt: Das Wildfleisch sollte eine Kerntemperatur von 80 Grad über mind. 10 Minuten haben (Geflügel etwas weniger). Übergießen Sie Bratenstücke, die im Backofen im Bratentopf gegart werden, öfter mit Bratensaft, damit diese saftig bleiben. Als besonders zart erweisen sich Wildbraten, die im Bratentopf auf der Herdplatte geschmort werden. Diese Zubereitungsart erfordert jedoch die ständige Aufmerksamkeit des Kochs, damit der Braten nicht anbrennt.

Nach dem Garen sollte man den Wildbraten vor dem Anschneiden und Portionieren noch einige Minuten ruhen lassen (eventuell in Alufolie einschlagen), damit nicht zuviel Bratensaft austritt. Während dieser „Ruhezeit" kann man die Bratensauce zubereiten.

Wird die Wildsauce mit frischen oder konservierten Pilzen verfeinert, dann werden diese zuvor gesondert in Butter geschmort und gewürzt und erst danach der Sauce beigegeben. Die Pilze entfalten auf diese Weise in der Sauce am besten ihr typisches Aroma.

Ob man den Wildbraten vor dem Garen mit Speckstreifen spickt, ist heute individuelle Ansichts- und Geschmacksache. Wildköche raten eher davon ab, weil an den gespickten Stellen Bratensaft austritt. Alternativ kann man das Fleischstück mit Scheiben von durchwachsenem oder fettem Speck belegen oder umwickeln und die Speckscheiben festbinden (bardieren). Um einen bardierten Wildbraten zu bräunen, müssen die Speckscheiben etwa zehn Minuten vor dem Ende des Bratvorgangs entfernt werden. Vorsicht: Der Speck von gespickten Wildteilen, die tiefgefroren werden, wird nach etwa sechs Monaten ranzig!

Im Allgemeinen eignen sich die Teile von Wildschwein, Reh, Rot- und Damhirsch sowie Mufflon (Wildschaf) für folgende Zubereitungsarten:

**Rücken:** Braten, Medaillons, Kotelett, Steaks, gebratener Rücken kalt fürs Buffet, „Lachsschinken", gebraten für Wildsalate.
**Keule:** Braten (große Keulen auch in ihre Teile zerlegt), Schnitzel, Steaks, Gulasch, gebraten für Wildsalate, Schinken.
**Blatt:** Schmorbraten, Roulade, Gulasch, Geschnetzeltes, „Schäufele", Frikadellen, gebraten für Wildsalate.
**Rippen, Bauch:** Rollbraten (Knochen auslösen), Spareribs, Ragout.
**Hals:** Ragout, Frikadellen.
**Knochen, Fleischreste:** Wildfond als Grundlage für Saucen und Suppen.
**Noch ein spezieller Tipp: Wildschweinnacken** eignet sich vorzüglich für eingelegte Nackensteaks zum Grillen oder Braten.

Für eine hervorragende **Wildwurst** wie Wildsalami oder -cervelatwurst (siehe die entsprechenden Rezepte in diesem Buch) verwendet der Kenner durchaus auch die guten Bratenstücke (Rücken, Keule, Blatt, Hals) und meidet sehnige Abschnitte. Von dem Fleisch, das für die Wurst zu Mett verarbeitet wird, sind alle Sehnen und Häutchen zu entfernen.
Für Kochwurst wie Wildleberwurst werden natürlich auch Innereien verarbeitet.

# Impressum

**Bildnachweis**
Thomas Lammertz, Willich
Florian Funck, Melsungen
Hessen Touristik Service e.V., Wiesbaden
Thomas Markus, Bad Nauheim
Paavo Blafield, Kassel
Karl-Heinz Volkmar, Zierenberg (Vor-/Nachsatz)

**Herausgeber:**
Landesjagdverband Hessen e.V.
Landesbetrieb Hessen-Forst

**Satz & Layout**
Verlag Neumann-Neudamm

**Einbandgestaltung**
neueformen.net, Kassel

**Dekoration und Footstyling, Bestecke**
Food-Design Gerlind Vermerr, Willich
Rainer Holzhauer, Restaurant Der Grischäfer, Bad Ems
C.Hugo Pott, Solingen

**Druck und Verarbeitung**
J.P. Himmer GmbH & Co.KG, Augsburg


Verlag J.Neumann-Neudamm AG, Schwalbenweg 1, 34212 Melsungen
Tel. 05661.52222; Fax 05661.6008; info@neumann-neudamm.de; www.neumann-neudamm.de

**Printed in Germany**
**ISBN 3-7888-0998-1**

www.neumann-neudamm.de